Krefting · Bayaz

Angstfrei fliegen

Das erprobte

Step-by-Step-Programm

Dipl.-Psych. Rudolf Krefting (*1947) ist praktizierender Psychotherapeut in eigener Praxis. Seit 1979 leitet er Seminare für entspanntes Fliegen, die er inhaltlich wesentlich mitgestaltet hat. Bis jetzt hat er an die 300 Seminare mit über 3000 Teilnehmern erfolgreich betreut.

Ahmet Bayaz (*1950) arbeitete 15 Jahre als Journalist beim Süddeutschen Rundfunk in Stuttgart. Bis 2003 war er Vorstandsvorsitzender des Deutsch-Türkischen Forums und erhielt im selben Jahr für seine Tätigkeit die *Bosch-Medaille* der Robert-Bosch-Stiftung. Er ist Autor zahlreicher Artikel und Sendungen über Flugangst.

Rudolf Krefting · Ahmet Bayaz

Angstfrei fliegen

Das erprobte Step-by-Step-Programm

TRIAS

Inhalt

Flugangst

Wege aus der Angst

Auf der Reise

Gesundheit

Vorwort

Liebe Leserin, lieber Leser

der Traum vom Fliegen! Schon geträumt von den Griechen, die in ihrer Sage beschreiben, wie Daidalos und Ikarus mittels verwachsten Vogelfedern sich in die Lüfte erheben und so ihrem Gefängnis entkommen? Und immer wieder mehr oder weniger erfolgreiche Versuche, dieses Ziel zu erreichen: das Wunder vom Fliegen. Mysteriöse Faszination, die im Laufe der Zeit durch physikalisch-mathematische Berechnungen den Weg in die Wirklichkeit fand.

Dieses Buch leistet einen wichtigen Beitrag, wenn es darum geht, Zusammenhänge zu erklären und somit Ängste abzubauen. Es beleuchtet nicht nur die logisch-intellektuellen Komponenten, sondern auch die menschlich emotionale Seite.

Was wäre die Welt von heute ohne den Flugverkehr! Er verbindet Menschen und Kontinente, ermöglicht eine weltweite Vernetzung und eröffnet Perspektiven, die einem sonst verborgen geblieben wären. So werden Grenzen überwunden und Völker rücken näher zusammen.

Für mich als Pilot ist das Fliegen ein fester Bestandteil meines Lebens. Es ist nicht nur mein Beruf, sondern auch meine Leidenschaft. Als Leiter des Flugbetriebes der Lufthansa weiß ich, dass täglich viele Menschen daran arbeiten, den Luftverkehr weiter zu dem zu machen, was er ist: die sicherste Art der Fortbewegung. Aber er soll auch gleichzeitig eine angenehme Art der Fortbewegung sein.

Dieses Buch trägt dazu bei, das Fliegen mit anderen Augen zu sehen, und ermöglicht dem Leser, sich entspannt »im Fluge« dem Reiseziel zu nähern. Wenn Sie dieses Buch zur Seite gelegt haben, hoffe ich, dass Sie Ihren nächsten Flug genauso genießen können wie ich, vom Anlassen der Triebwerke bis zum Erreichen der Parkposition.

In diesem Sinne wünsche ich Ihnen stets einen guten und angenehmen Flug!

Im August 2005

Jürgen Raps
Flugbetriebsleiter/Chefpilot
Deutsche Lufthansa Passage

Zu diesem Buch

Fliegen kann Lust oder Last, Traum oder Trauma sein. Was für einige Menschen Faszination bedeutet, ist für andere untrennbar mit dem Gefühl der Angst verbunden. Internationale Studien belegen, dass etwa ein Viertel, vielleicht sogar die Hälfte aller Passagiere unter Flugangst oder flugangstähnlichen Symptomen leidet.

Wir verstehen unter Flugangst (Aviophobie) eine anhaltende und unangemessene Furcht vor dem Fliegen. Die Betroffenen setzen alles daran, nicht fliegen zu müssen. Das Wort Phobie geht zurück auf den griechischen Gott Phobos, Inbegriff für Angst und Schrecken. Es steht heute für ein ausgeprägtes Vermeidungsverhalten oder für übermäßige Angst vor bestimmten Situationen. Die Skala der Angstreaktionen reicht vom leichten Unbehagen (Ängstlichkeit) bis hin zur Panik. Letztere verweist ebenfalls auf einen griechischen Gott, den Hirtengott Pan, der so hässlich war, dass ihn seine Mutter verließ, er auch später immer wieder Menschen erschreckte und durch seine Hässlichkeit sogar die Perser im Kampf zur Flucht veranlasste. Panikattacken setzen plötzlich ein, begleitet von Gefühlen drohenden Unheils.

Dieses Buch soll dazu beitragen, die Angst vor dem Fliegen im günstigsten Fall zu bewältigen, mindestens aber zu lindern. Es soll helfen, das Fliegen neu zu entdecken und zu erfahren.

Schon vor 2000 Jahren meinte der griechische Philosoph Epiktet: »Nicht die Dinge selbst beunruhigen den Menschen, sondern die Vorstellung von den Dingen.« Dieser Satz hat auch für die Flugangst seine Gültigkeit. Denn statistisch gesehen ist das Flugrisiko z. B. 4000-mal geringer als das Risiko, an den Folgen des Rauchens zu sterben. Vielen Menschen zittern schon die Knie beim bloßen Gedanken, ein Flugzeug besteigen zu müssen. Jetzt, im Zeitalter der neuesten Technologien, in dem man den jahrhundertealten Traum von Ikarus erfüllt hat, können wir die Erfüllung nicht genießen. Bedurfte es erst eines Fluges, um festzustellen, dass man sich lieber erdgebunden fortbewegt? Auch wenn wir nicht wie die Vögel aerodynamisch geschaffen sind, wollen wir das Rad der technischen Entwicklung nicht zurückdrehen. Das Flugzeug hat Völker und Länder einander nähergebracht, unseren persönlichen Lebensraum bereichert, die Reisezeit verkürzt und das Reisen selbst komfortabler gestaltet. Wir wollen auf den Flug nicht verzichten. Dann aber wollen wir ohne Unbehagen, angstfrei und möglichst entspannt fliegen. Wir können zwar nicht auf das Fluggeschehen Einfluss nehmen, dafür aber auf unser Erleben und Verhalten.

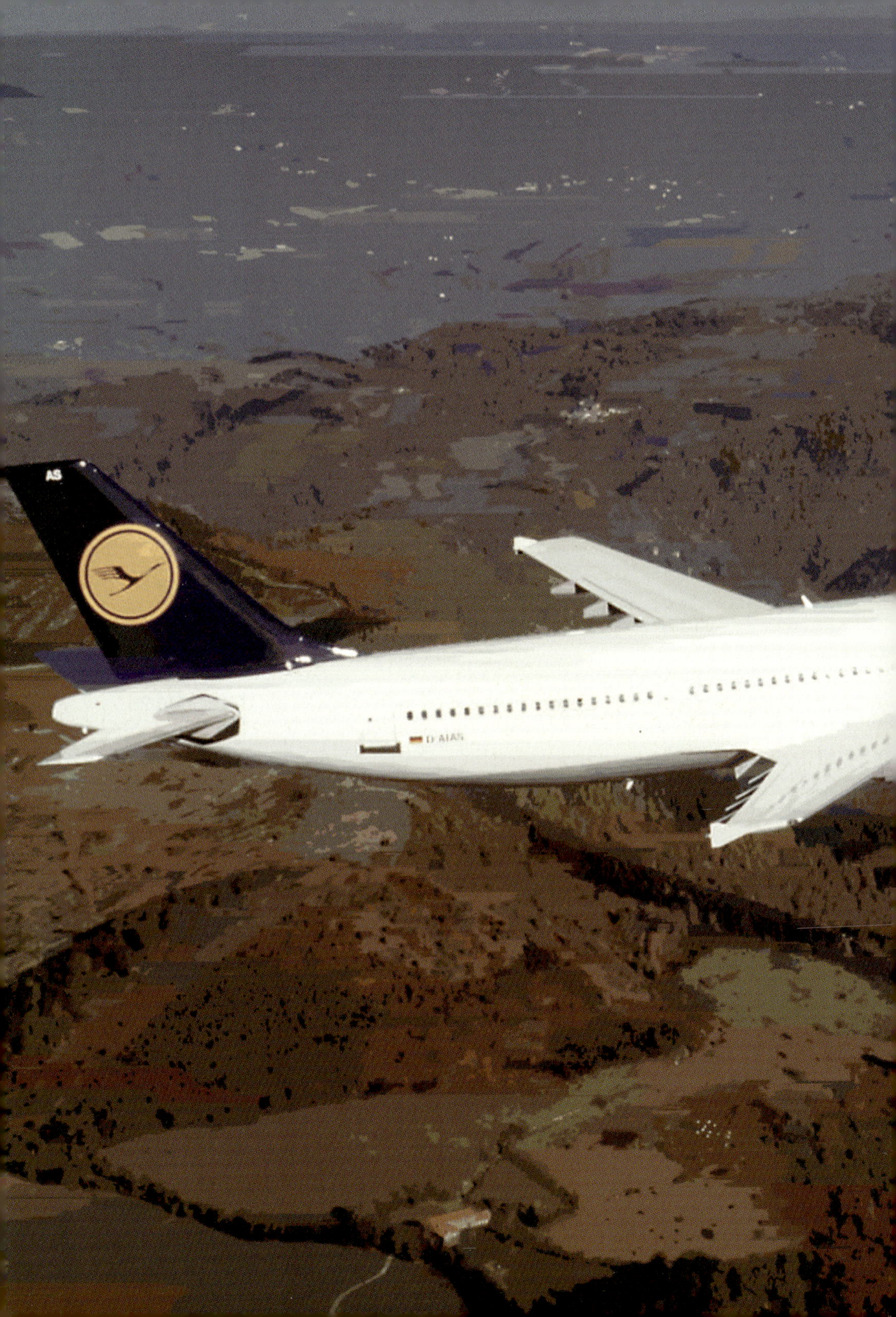
AS
D-AIAS

Wie Flugangst entsteht

Wie Flugangst entsteht

Die Flugangst des Managers hatte ihren Anfang vor vier Jahren. Damals flog er von München nach Hamburg. Es war ein Flug mit heftigen Turbulenzen. Wegen des schlechten Wetters konnte der Pilot erst beim dritten Anflug die Maschine sicher landen.

Erfahrungen und Vorbilder

Sensationelle Katastrophenmeldungen in den Medien schüren die Flugangst oft erheblich.

Diesen Vorgang erlebte und bewertete Günther Krause damals für sich als sehr bedrohlich. In der Folgezeit holte ihn die Erinnerung daran immer wieder ein.

Mit der Zeit hatte sich bei ihm unbewusst eine negative Erwartungshaltung aufgebaut, trotz der Tatsache, dass er bis jetzt heil und unbeschadet gelandet war, und trotz der Tatsache, dass diesem »unangenehmen« Flug viele angenehme vorausgingen. Was das Fliegen angeht, so war er zum Pessimisten geworden.

In der nächsten Zeit bestärkten ihn die seltenen, aber sensationell aufgemachten Meldungen über Flugzeugunfälle in den Medien in seiner negativen Einstellung. Dass zur

AUS DEM LEBEN

Ein prägendes Erlebnis

Günther Krause, Manager einer Computerfirma, muss zu geschäftlichen Verhandlungen nach London fliegen. Seine Sekretärin hat ihm für den Flug um 6.40 von Düsseldorf nach London-Heathrow einen Platz in der Business-Class reservieren lassen. 24 Stunden vor dem Abflug gerät für den Manager, sonst ein gestandener Geschäftsmann, die Welt aus den Fugen. Er leidet unter Flugangst. Es fällt ihm schwer, sich am Tag vor dem Flug auf die geschäftlichen Verhandlungen vorzubereiten. Katastrophengedanken plagen ihn so sehr, dass er seine Vorbereitungen für die Sitzung in London nicht treffen kann. Trotz intensiven Bemühens, die zwanghaften und lästigen Vorstellungen loszuwerden, kann er sich davon nicht befreien. Die erlebte Ohnmacht steigert sich bis zur Wut auf sich selbst. Gleichzeitig fühlt er sich körperlich miserabel. Irgend etwas stimmt mit seinem Körper nicht, obwohl er sportlich durchtrainiert ist. Zu den Zwangsvorstellungen und der inneren Unruhe gesellen sich Schweißausbrüche und Zittern, außerdem Atembeschwerden sowie Herzbeklemmungen. Am liebsten würde er den Flug annullieren. Auf der anderen Seite weiß Herr Krause, dass sein Flug nach London unausweichlich ist. Dieser Konflikt lässt ihn vor dem Flug nicht schlafen. Früh am nächsten Morgen fährt Herr Krause zum Düsseldorfer Flughafen. Er ist spät dran, sodass er keinen Parkplatz findet. Schließlich hetzt er zum Ausgang A 80. Beim Gang durch die Fluggastbrücke spürt er sein Herz rasen. Am liebsten würde er gar nicht in das Flugzeug einsteigen.

Mit letzter Energie überwindet er seine innere Zerrissenheit und nimmt seinen Platz in der Business-Class ein. Seine unerträglich werdende Unruhe zwingt ihn, bei der Stewardess gleich einen doppelten Cognac zu bestellen. Völlig erschöpft kommt Günther Krause zu seinem Geschäftstreffen am Piccadilly-Circus an.

selben Zeit Millionen von Menschen an ihren Zielen heil ankamen, konnte der Manager aus den Medien jedoch nicht entnehmen. Alles in allem ist für Günther Krause die Lust am Fliegen zur Last geworden. Sie ist mittlerweile mit dem Gefühl der Angst untrennbar verbunden. Aber es sind nicht nur Manager, Geschäftsleute oder Vielflieger, die unter Flugangst (Aviophobie) leiden, sondern auch Urlaubsreisende und Gelegenheitsflieger, die z.B. Verwandte in Übersee besuchen wollen. Und schließlich sind Menschen von der Aviophobie betroffen, die noch nie geflogen sind, weil sie die Schwellenangst nicht überwinden können. Die

Wie Flugangst entsteht

Flugangst trifft Männer wie Frauen gleichermaßen, nur gehen Frauen mit dieser Angst anders um.

Nach einem Bericht der Zeitschrift »Psychologie heute« (8/2005) gab in einer Umfrage mehr als ein Drittel der Befragten an, dass sie unter Flugangst leiden, wenn auch in unterschiedlicher Intensität. Die meisten Betroffenen gehören der Altersgruppe 31 bis 40 Jahre an. Vermutlich ist die allgemeine Stressbelastung bei ihnen am größten. Aber auch ältere Menschen, Jugendliche und Kinder leiden unter dieser Phobie.

Flugangst und Vermeidungshaltung von Eltern können sich auch auf ihre Kinder übertragen.

Flugangst bei Kindern

Das Flugzeug ist zu einem Massenverkehrsmittel geworden, das immer mehr Familien nutzen. Auch Kinder werden oft schon sehr früh in ihrem Leben mit dem Fliegen konfrontiert. Nun ist die Angstbereitschaft anlagebedingt bei jedem verschieden. Viele Kinder steigen mit Freude und gespannter Neugier ins Flugzeug, weil sie unbelastet sind. Aber es gibt auch Kinder, die Angst vor dem Fliegen entwickeln – und dabei spielt die Einstellung der Eltern gegenüber dem Fliegen eine wichtige Rolle.

▲ Für viele Kinder und Jugendliche ist das Flugzeug schon ein gewohntes Verkehrsmittel geworden.

Kinder beobachten sehr genau die elterlichen Reaktionen und Verhaltensweisen. Wenn Vater und/oder Mutter das Fliegen vermeiden oder ängstlich reagieren, kann sich diese Haltung auch auf das Kind übertragen. Diesen Eltern empfehlen wir, mit ihren Kindern ein offenes Gespräch zu führen, in dem sie sich einerseits zu ihrem Problem bekennen und andererseits mit dem Kind nach Lösungen suchen. Hier können die Eltern als Vorbild wirken, wenn sie den Kindern vorleben, wie sie mit der Angst umgehen können. Manche Kinder neigen aber auch ohne den Einfluss der Eltern dazu, Angst zu entwickeln.

Um die Flugangst besser verstehen und bewältigen zu können, soll dem Phänomen Angst im Folgenden auf den Grund gegangen werden.

Die zwei Gesichter der Angst

Angst ist etwas völlig Natürliches. Wie auch der Schmerz, hat sie entwicklungsgenetisch gesehen eine lebenserhaltende und schützende Funktion. In Bruchteilen von Sekunden bereitet sie den Organismus darauf vor, sich mit einer erlebten Bedrohung auseinander zu setzen. Seit Urzeiten bedient sie sich dabei verschiedener Reaktionen wie dem Kampf, der Flucht oder der völligen Aufgabe.

Wir verstehen heute Angst als ein Phänomen, bei dem viele Faktoren eine Rolle spielen. Dazu zählt einerseits, dass aufgrund einer oder mehrerer unangenehmer Erfahrungen Vermeidungs- und Fluchtreaktionen zu einer der Situation unangemessenen Angst führen. Weiterhin spielt eine Rolle, ob ein Mensch in seiner Kindheit gelernt hat, sich offensiv oder defensiv mit schwierigen Situationen auseinander zu setzen, da defensive Strategien die Ausformung überdauernder Ängste begünstigen. Schließlich kann eine überfürsorgliche Umgebung diese erlernten Ängste verstärken.

Die Art des Umgangs mit Angst hervorrufenden Erlebnissen hängt stark davon ab, ob der Betreffende in seiner Kindheit offensive oder defensive Strategien zur Bewältigung schwieriger Situationen gelernt hat.

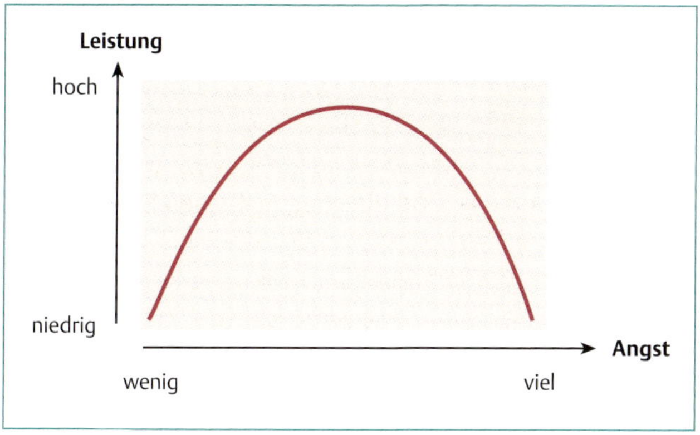

◀ Beziehung zwischen Leistung und Angst. Die größte Leistung wird bei mittlerem Angstniveau erreicht.

Wie Flugangst entsteht

Der Angstforscher Eugene E. Levitt sagt: »Die Angst hat ein Janushaupt. Sie kann den Menschen zur Selbstvervollkommnung, zu erhöhter Leistung und zu Tüchtigkeit anspornen, oder sie kann sein Leben und das seiner Umgebung schwer beeinträchtigen. Lernen wir, sie konstruktiv einzusetzen, um ihr Herr und nicht ihr Sklave zu sein.«

Im Alltag begegnen wir häufig solch ambivalenten Situationen. Viele Schauspieler oder Leistungssportler werden durch ihr »Lampenfieber« positiv motiviert. Auf der anderen Seite begegnen wir im Leben vielen Schülern oder Studenten, die sich zwar sehr gründlich auf eine Prüfung vorbereitet haben, sie jedoch aufgrund einer Angstblockade nicht bestehen können.

Die Bestandteile der Angst

Die drei Komponenten der Angst (siehe Kasten »Wissen«, S. 15) stehen zueinander in einer Wechselbeziehung. Beim Fliegen können sie sich in bestimmten Situationen gegenseitig so hochschaukeln, dass man das Alarmsystem Angst nicht mehr unter Kontrolle hat. Somit ist der Übergang von einer angemessenen zu einer krankhaften Angstreaktion fließend. Damals, vor vier Jahren, ist auch bei Günther Krause die angemessene Reaktion auf das Unvorhergesehene (in diesem Fall die Landung) zu einer pathologischen Angst entartet. Als das Flugzeug erst beim dritten Anflug sicher landen konnte, bewertete er dieses Geschehen für ihn subjektiv als gefährlich, ja sogar lebensgefährlich. Dabei unterliefen ihm unbewußt manche *Denkfehler*. Einen kann man auf seine Unwissenheit zurückführen: Das Durchstartmanöver von Flugzeugen ist nämlich bei bestimmten Witterungsverhältnissen ein ganz übliches und sicheres Verfahren. Schließlich kam er, entgegen seinen Befürchtungen, heil und gesund am Zielflughafen an. Trotzdem schlich sich ein weiterer Denkfehler ein, nämlich dass fortan alle seine Flüge unter denselben Bedingungen ablaufen würden.

Die Gedanken von Günther Krause haben auch seine *Emotionen* beeinflusst. Er leidet kurz vor Flügen unter einer inneren Zerrissenheit. Sein Vertrauen in die Flugtechnik ist seitdem geschwunden. Selbstzweifel nagen an ihm, und sein Selbstbild ist angekratzt, da er sich in anderen Situationen als mutig empfindet. Dieser Selbstzweifel wird genährt durch seine *körperlichen Reaktionen,* denen er verständnislos ausgesetzt ist. Er würde viel darum geben, nicht fliegen zu müssen, aber er darf in seiner Firma und bei seinen Freunden nicht das Gesicht verlieren. Durch Alkohol versucht er seinen Konflikt vor und während des Fluges zu bewältigen. Er ist zum Sklaven seiner Aviophobie geworden. Aber wie schon erwähnt, steht er mit seiner Flugangst nicht allein. Es gibt viele Menschen, die aus unterschiedlichsten Gründen Angst vor dem Fliegen haben.

WISSEN

Jede Angst weist drei Bestandteile auf:

Die gedanklich-gefühlsmäßige Komponente

Die Gedanken und Gefühle ängstlicher Menschen sind negativ verzerrt. Die Betroffenen haben Angst vor körperlichen oder geistigen Schäden, sie neigen zu Übertreibungen, malen sich Katastrophenszenarien aus und entmutigen sich selbst. Hilflosigkeit und Ohnmachtsgefühle sind die Folge.

Die körperliche Komponente

Angst aktiviert viele Körperfunktionen, zum Beispiel gehen Atmung und Puls schneller, die Muskeln verkrampfen sich, im Magen breitet sich ein flaues Gefühl aus, der Mund wird trocken. Man kommt ins Schwitzen und spürt plötzlich Harn- oder Stuhldrang.

Die Verhaltenskomponente

Neben den erwähnten *Kampf-*, *Flucht-* und *Vermeidungsreaktionen* sind vor allem Veränderungen in der *Mimik,* der *Gestik* und in der *Sprechweise* zu beobachten.

Wie Flugangst entsteht

Die Ursachen der Flugangst

Das Flugzeug als Objekt der Angst

Angesichts der beeindruckenden Größe eines Flugzeugs erscheint die Flugzeugkabine selber den Fluggästen als bedrückend eng.

Bei vielen Aviophobikern erzeugt der bloße Anblick eines Flugzeuges schon Angst. Nehmen wir z. B. den startbereiten Jumbo-Jet Boeing 747–400, der mit 380 Passagieren und 350 Tonnen Gewicht über den Atlantik fliegen will. »Kann er überhaupt abheben?«, »Wie ist es möglich, dass er in der Luft bleibt?«, »Was passiert, wenn plötzlich ein Triebwerk ausfällt, oder gleich zwei?«, »Wie findet er seinen Weg von Frankfurt nach Los Angeles?« Das sind Fragen, die immer wieder gestellt werden. Von der äußeren Größe beeindruckt, macht vielen Flugängstlichen dagegen die im Flugzeuginneren wahrgenommene und erlebte Enge zu schaffen.

Hinzu kommt, dass die verschiedenartigsten konstruktionsbedingten Geräusche während eines Fluges ängstliche Aufmerksamkeit auf sich ziehen. »Ob das normal ist?«, »Jetzt ist bestimmt ein Triebwerk ausgefallen!«, »Was sollen jetzt diese Geräusche?« Solche und andere Gedanken schießen nun durch den Kopf. In ihrer Bewegungsfreiheit eingeschränkt, fällt es vielen auch schwer, plötzlich einsetzende Richtungsänderungen durch Kurvenflüge gelassen hinzunehmen (siehe dazu Seite 56 ff., Protokoll eines Flugkapitäns).

Die Luft als aerodynamisches Medium

Der erdgebundene Mensch neigt zu Angstzuständen, wenn er »in der Luft hängt«.

Dieses unsichtbare Medium birgt für Flugängstliche viele Tücken. Wir sehen nichts, dafür spüren wir umso mehr das rasche Aufsteigen und schnelle Sinken bei Turbulenzen. Mächtige Kumulus-Wolken, die umflogen werden müssen, zuckende Gewitterblitze, die beim Blick aus den Kabinenfenstern plötzlich sichtbar werden, Nebel, in dem man gar nichts mehr sehen kann und die Orientierung zu verlieren glaubt, schließlich Eisbildung an den Tragflächen und Schneetreiben steigern das Niveau der Erregung. Der erdgebundene Mensch fühlt sich in dem gasförmigen Aggregatzustand nicht heimisch. Ihm ist der Boden unter den Füßen weggezogen worden, und er hängt im wahrsten Sinne des Wortes in der Luft.

▲ Beim Start des Flugzeugs fühlt sich der Mensch oft, als werde ihm der Boden unter den Füßen weggezogen.

Der Mensch als subjektiver Faktor

Jeder von uns hat seine individuelle Lerngeschichte. Deswegen können Menschen auf ein bestimmtes Ereignis verschieden reagieren. Auch die Toleranz gegenüber Angstgefühlen ist unterschiedlich, sodass manche Menschen mit ihrer Angst besser und andere schlechter umgehen können. So kann derselbe Flug den einen Flugängstlichen weniger und den anderen mehr ängstigen.

Hinter Flugangst kann sich natürlich auch ein tief liegender persönlicher Konflikt verbergen. Vordergründig steht dann die Flugangst für ein ungelöstes Problem. So kann beispielsweise ein anstehender Abnabelungsprozess von den Eltern plötzlich bei einem Studenten Flugängste erzeugen. Besonders haben aber die Menschen vor dem Fliegen Angst, die in ihrem Leben die Zügel fest in der Hand halten. Sie werden beim Fliegen gezwungen, diese loszulassen, sich Piloten anzuvertrauen, die sie nicht kennen, und sich einer Technik auszuliefern, die sie wegen ihrer Komplexität nicht durchschauen können. Und das führt dann zu Aussagen wie »Macht der Pilot denn auch alles richtig?«, oder »Was ist, wenn jetzt alle Triebwerke ausfallen und wir abstürzen?«

Menschen, die gewohnt sind, im Alltag selbst die Zügel in der Hand zu halten, sind besonders häufig von Flugangst betroffen.

Wie Flugangst entsteht

Wie macht sich die Flugangst bemerkbar?

Die Flugangst macht sich bei den Betroffenen *körperlich, gedanklich-gefühlsmäßig* und *verhaltensmäßig* bemerkbar.

Im Mittelpunkt des Erlebens steht in den meisten Fällen eine Reihe von unangenehmen körperlichen Sensationen. Angst löst im Körper eine Stressreaktion aus. Wie in Urzeiten wird der Organismus dabei in Alarmbereitschaft versetzt, um ganz schnell auf eine Gefahr reagieren zu können: entweder mit Flucht oder Kampf. Beide Reaktionsformen haben den Menschen über Jahrtausende gute Dienste erwiesen, weil sie ihnen beim Überleben halfen. Flucht oder Kampf helfen uns bei der Flugangst jedoch nicht weiter.

Sehen wir uns den Passagier näher an, der bei Turbulenzen an den Absturz denkt. Was passiert in seinem Körper? Seine Atmung wird schneller und tiefer. Der Puls erhöht sich um bis zu 40 Schläge pro Minute, seine gesamte Muskulatur verspannt sich, und er beginnt zu zittern. Das Ganze ist begleitet von Schweißausbrüchen. Wie kommt es zu diesen als unangenehm empfundenen körperlichen Veränderungen?

Durch die Flugangst wird der ganze Organismus in Alarmbereitschaft versetzt.

Weil der Fluggast die Turbulenzen als gefährlich bewertet, versetzt der Hypothalamus, ein Teil des Zwischenhirns, den ganzen Körper in Alarmbereitschaft. Nun reagiert das vegetative Nervensystem, das vom Willen unabhängige Körperfunktionen regelt: Es muss den Organismus flucht- oder kampfbereit machen. Dabei helfen ihm Hormone wie Adrenalin. Der Fluggast allerdings kämpft – wie Don Quichotte gegen die Windmühlen – vergeblich gegen die Turbulenzen an. Obwohl sein Körper auf die Abwendung einer Gefahr optimal vorbereitet ist, kann er nichts unternehmen. Ein jahrtausendelang bewährtes Überlebensprinzip hat im Flugzeug seinen Sinn verloren. Die bereit-

▲ Wie viele Passagiere, glauben Sie, haben überlebt?
(Die Antwort finden Sie auf der nächsten Seite.)

gestellte Energie wird nicht abgerufen, sodass sie eine *innere Unruhe* auslöst.

Die Unruhe wiederum kann durch *negatives Denken* noch zusätzlich verstärkt werden. Negative Gedanken in unserem Fall sind beispielsweise: »Die Tragflächen werden abbrechen«, »Das halt ich nicht lange aus«, »Warum habe ich mir das angetan?« etc. Solche Gedanken steigern natürlich die körperliche Erregung noch zusätzlich. Warum aber denken Menschen in diesen Situationen so oder ähnlich? Grundsätzlich wird die Wahrnehmung der Realität in unserem Denken durch die Erfahrungen verzerrt. Ein Aufeinanderfolgen negativer Erfahrungen provoziert die Verallgemeinerung. Die sensationelle und aufregende Berichterstattung der Medien regt die Phantasie an, sich das Schlimmste – also den Absturz und den Tod – vorzustellen.

Viele Aviophobiker berichten, dass ihre rege Phantasie mit ihnen durchgeht und die schlimmsten Katastrophenbilder entwirft. Phantasie ist so lange etwas sehr Nützliches, wie man sie in den Dienst der Kreativität stellt. Wird sie allerdings die Quelle von automatisch ablaufenden negativen Gedanken, so ist sie im wahrsten Sinne des Wortes eine Qual. Diese negativen Phantasien haben auch damit zu tun, dass wir uns beim Fliegen, wie kaum in einer anderen Lebenssituation, unbekannten Menschen, d.h. den Piloten, und einer nicht durchschaubaren Technik anvertrauen müssen.

Auf der *Verhaltensebene* begegnen wir bei Flugängstlichen den modernen Versionen von Kampf und Flucht in Form von Aggressivität und dem Bemühen, sich zu betäuben. Beschwerden über den miserablen Service, Klagen über

Wie Flugangst entsteht

▶ Der Teufelskreis der Angst (nach Sue Brenton).

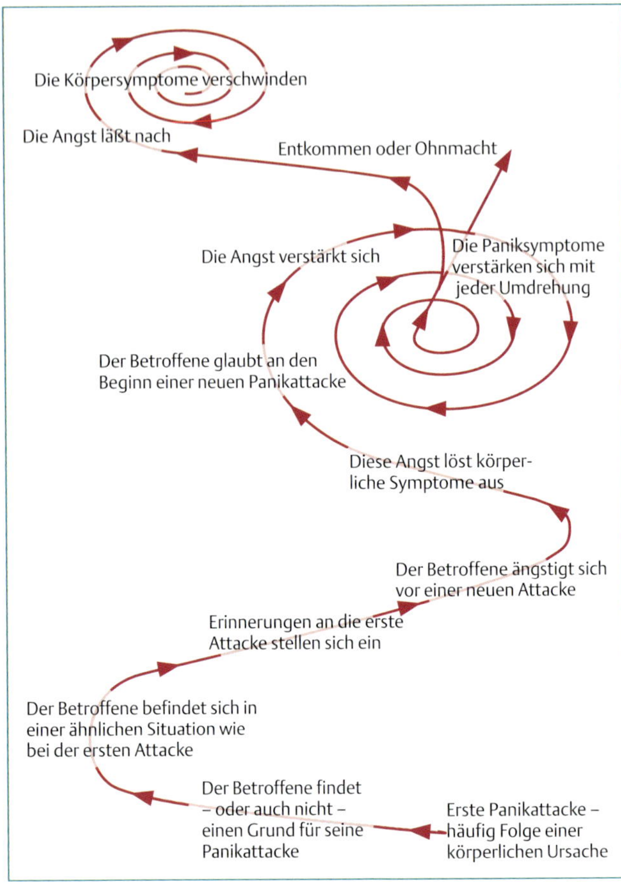

Aggressiv vorgebrachte Beschwerden oder das Trinken von Alkohol an Bord können Ausdruck ängstlicher Erregungszustände sein.

das schlechte Essen oder die viel zu harte Landung sind nicht selten verdeckte Hinweise auf ängstliche Erregung. Wenn das Trinken von Alkohol an Bord genauso wie das Schlucken von Beruhigungstabletten zu einem »Muss« wird, so kann auch dies in dieselbe Richtung weisen. Viele bringen enorme zusätzliche Energien auf, um ihre Flugangst hinter der Fassade einer scheinbaren Ungerührtheit

---

Antwort auf die Frage von der vorigen Seite: Alle haben überlebt.

zu verstecken. Wenn man dann aber genau hinschaut, entdeckt man, dass sie beispielsweise ihre Zeitung verkehrt herum halten. Doch so vergrößern sie ihren Stress nur.

Geben wir Ängsten wie der Flugangst allzu oft und allzu lange nach, so besteht die Gefahr eines »Flächenbrandes«. Die Angstreaktion kann auf ähnliche Situationen *überspringen.* Dabei sprechen wir von Vergesellschaftungen. Mit der Flugangst sind häufig Ängste wie die vor engen, geschlossenen Räumen, vor Aufzügen, Sesselliften, vor Tunneln und vor hohen Bergen verbunden. Aber diesem Flächenbrand gilt es Einhalt zu gebieten, um den Erhalt oder die Wiedergewinnung der Lebensqualität zu sichern. Deswegen lohnt es, sich mit der Flugangst intensiv auseinander zu setzen. Gelingt es, die Flugangst zu bewältigen, so kann diese positive Erfahrung auch der Schlüssel sein zur Auflösung anderer Ängste und Stresssituationen.

Wege aus der Angst

Wege aus der Angst

Angst ist natürlich. Deshalb wollen wir diesen hilfreichen Lebensbegleiter nicht gänzlich loswerden. Vielmehr gilt es, beim Fliegen die Angst auf ein erträgliches Maß zu reduzieren. Angst zuzulassen muss nicht bedeuten, bei der Panik zu enden. Wir können lernen, das Angstgeschehen zu beeinflussen, es bis zu einem gewissen Grad zu kontrollieren und den Aufschaukelungsprozess zu verhindern. Man wird staunend wahrnehmen, dass die übrig gebliebene Angst durchaus zu ertragen ist und uns nicht mehr länger zur Hilflosigkeit verurteilt.

Flugangst ist erlernt, folglich kann sie auch wieder verlernt werden.

Angst bewältigen heißt, einen Schritt nach vorne tun, die bisherige Passivität aufgeben und aktiv werden. Von den hier angebotenen Hilfen kann vor allem derjenige profitieren, der sie ausprobiert. Sie werden erleben, dass Sie der Angst keineswegs hilflos gegenüberstehen, sondern dass Sie im Umgang mit ihr an Kompetenz gewinnen. Bewährte psychologische Verfahren werden Ihnen helfen, dieses Ziel zu erreichen. Sie lernen, der Flugangst auf andere, angemessenere Art zu begegnen. Um die Flugangst erfolgreich zu bewältigen, muss man nicht unbedingt ihre Ursachen kennen.

Entspannung

Die Jacobson-Methode

Wir beginnen mit der Bewältigung der körperlichen Angstsignale. Angst, also auch Flugangst, geht Hand in Hand mit Muskelverspannungen. Es sind Muskelverspannungen des ganzen Körpers, auch wenn wir sie nur teilweise spüren und oft erst dann, wenn die anhaltende Spannung Schmerzen erzeugt. So leiden wir unter Kopfschmerzen und schmerzhafter Verspannung im Schulter-Nackenbereich oder in der Gegend der Rückenmuskulatur. Wir nehmen diese Verspannungen zu spät wahr, nachdem sie sich schon in diesen Körperteilen »festgesetzt« haben, weil uns die Sensibilität für Muskelverspannungen verlorengegangen ist.

Muskelverspannungen nehmen wir oft erst wahr, wenn sie Schmerzen verursachen.

Zu dieser Erkenntnis gelangte der amerikanische Physiologe Edmund Jacobson in den zwanziger Jahren des vorigen Jahrhunderts. Bei seinen Forschungsarbeiten fand er einen Zusammenhang zwischen körperlicher Erregung, innerer Unruhe, Aufregung, Ängstlichkeit auf der einen und erhöhter muskulärer Anspannung auf der anderen Seite. Jacobson konnte in seinen Untersuchungen auch nachweisen, dass bei einer entspannten Muskulatur ein intensives Angsterleben nicht möglich war. Entspannung und Angst können nicht gleichzeitig bestehen. Daraus leitete Jacobson seine Entspannungstechnik »Die progressive Relaxation« ab, bei der die Entspannung der Muskulatur über den Umweg vorheriger Anspannung erreicht wird. So paradox es auch klingen mag, die willkürliche Anspannung von Muskeln, die uns jederzeit möglich ist, führt unweigerlich zu einer Verringerung des Spannungsgrades, nämlich dann, wenn wir die Spannung loslassen. In dem Moment, in dem wir bewusst Muskeln anspannen, greifen wir außerdem aktiv und gezielt in die ablaufenden körperlichen Reaktionen ein und bestimmen ihre Richtung.

PRAXISTIPP

Übungsanleitung

Die Entspannungsübungen nach Jacobson können Sie sowohl im Liegen als auch im Sitzen, d. h. selbstverständlich auch in den Flugzeugsitzen, anwenden. Gehen Sie wie folgt vor:
Spannen Sie die verschiedenen Muskeln innerhalb von 10 Sekunden immer fester an. Halten Sie dann die erreichte maximale Anspannung noch 5 Sekunden lang, bevor Sie langsam loslassen. Sie werden sehen, dass Ihre Empfindlichkeit für verschiedene Spannungsgrade Ihrer Muskeln zunimmt. Sie werden erleben, dass der körperlichen Entspannung mit der Zeit auch eine mentale folgt. Spannen Sie aber bei den Übungen Ihre Muskeln nie so stark an, dass sie zu schmerzen beginnen!

Entspannung der Arme

- Nehmen Sie jetzt eine möglichst bequeme Haltung ein – lockern Sie die Muskelspannungen in Armen und Beinen. Entspannen Sie sich, so gut es Ihnen möglich ist. Ballen Sie jetzt Ihre **rechte Hand** zu einer Faust. Verstärken Sie langsam, aber stetig den Druck. Die Faust wird immer härter. Fühlen Sie die Spannung in Ihrer rechten Hand, in Ihrem Unterarm … *[5 Sekunden].*
- Und nun entspannen Sie. Lassen Sie die Finger Ihrer rechten Hand locker werden und erleben Sie das angenehme Gefühl. Lassen Sie alle Spannungen los und spüren Sie, wie die Entspannung sich in Ihrem Arm und im übrigen Körper ausbreitet … *[ca. 20 Sekunden].*
- Nun machen Sie das Gleiche mit Ihrer **linken Hand.** Ballen Sie die linke Hand zu einer Faust, während der restliche Körper entspannt bleibt. Ballen Sie die Faust fester und fühlen Sie den Druck … *[5 Sekunden].*
- Und nun entspannen Sie. Spüren und genießen Sie den Unterschied … *[ca. 20 Sekunden].*

- Nun ballen Sie **beide Hände** zu Fäusten. Verstärken Sie den Druck, die Unterarme sind fest gespannt. Spüren Sie den Druck ... *[5 Sekunden].*
- Und nun entspannen Sie. Lassen Sie Ihre Finger locker und fühlen Sie die Entspannung ... *[ca. 20 Sekunden].*
- Nun beugen Sie Ihre **Ellbogen** und spannen Sie die Muskeln an der Innenseite der Oberarme, die Bizeps, an. Verstärken Sie die Spannung und achten Sie auf die Spannungsgefühle ... *[5 Sekunden].*

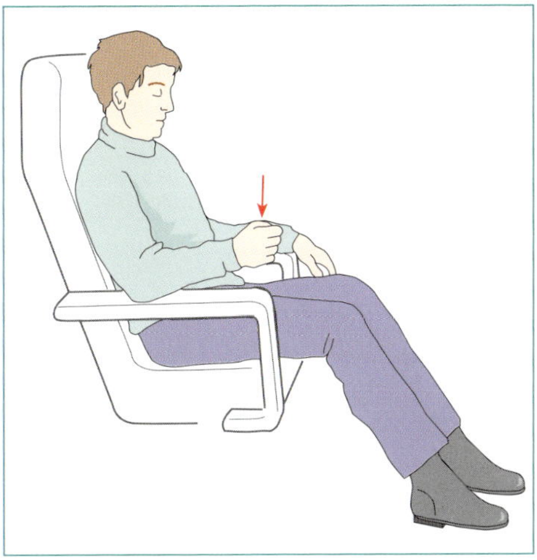

- Lassen Sie Ihre Arme wieder locker, entspannen Sie und achten Sie auf den Unterschied ... *[ca. 20 Sekunden].*
- Drehen Sie jetzt Ihre Hände herum, sodass die Handinnenflächen nach oben zeigen, und drücken Sie Ihre Hände und Unterarme nach unten gegen die Unterlage, spüren Sie die Spannung in den Trizeps an der Rückseite der **Oberarme** ... *[5 Sekunden].*
- Und nun entspannen Sie wieder. Die Entspannung breitet sich aus von den Oberarmen über die Unterarme bis in die Hände und Finger ... Selbst wenn Sie glauben, Ihre Arme seien völlig entspannt, versuchen Sie, sie noch ein wenig weiter zu lockern. Die Arme werden schwerer und wärmer. Sie entspannen sich weiter und weiter ... so weit, wie Sie wollen.
- Wenn Sie die Übungen beenden möchten, so beugen und strecken Sie ruckartig Ihre Arme, bis Sie wieder hellwach sind ... *[max. 5 Sekunden].*

Entspannung von Gesicht und Schultern

- Bleiben Sie in Ihrer ruhigen und bequemen Haltung. Alle Muskeln sind schwer und locker.

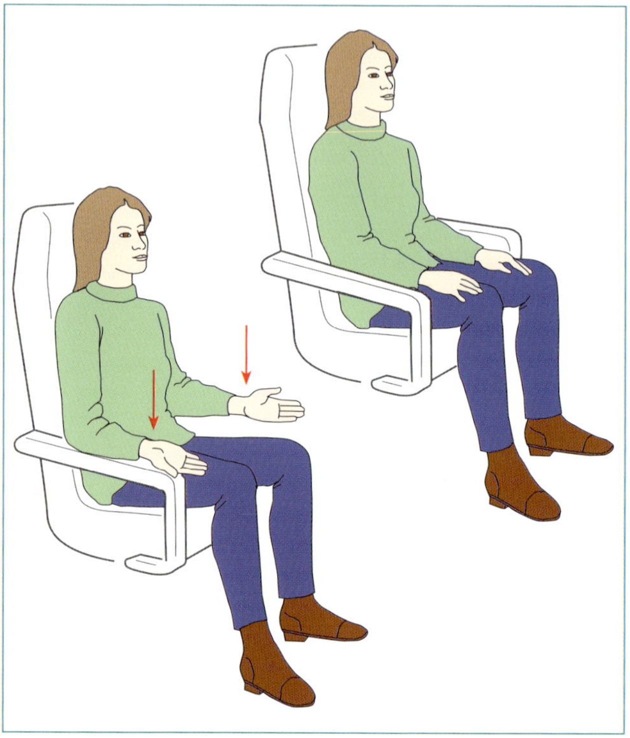

- Heben Sie nun Ihre **Augenbrauen** hoch und runzeln Sie die **Stirn,** runzeln Sie sie stärker und spüren Sie die Spannung … *[5 Sekunden].*
- Entspannen Sie Ihre Augenbrauen, Ihre Kopfhaut. Lassen Sie die Stirn locker, erleben Sie, wie die Haut Ihrer Stirn immer glatter wird, je mehr Sie sich entspannen … *[ca. 20 Sekunden].*
- Nun schließen Sie Ihre **Augen.** Drücken Sie Ihre Augen fest zu, jedoch nicht so stark, dass der Druck schmerzhaft wird. Spüren Sie den Druck … *[5 Sekunden]* und entspannen Sie. Die Augen bleiben leicht geschlossen … *[ca. 20 Sekunden].*
- Beißen Sie nun Ihre **Zähne** fest aufeinander und spannen Sie Ihren Kiefer, spüren Sie die Spannung in Ihrer

Kiefermuskulatur ... *[5 Sekunden]*. Lockern Sie Ihren Kiefer nun wieder und genießen Sie die Entspannung ... *[ca. 20 Sekunden]*.

- Pressen Sie die **Lippen** fest aufeinander und spüren Sie die Spannung ... *[5 Sekunden]*.
- Nun lösen Sie die Spannung wieder. Spüren Sie, wie sich die Entspannung in Ihrem Gesicht ausbreitet. Ihre Lippen, Kiefer, Augen und Stirn lockern sich. Die Entspannung breitet sich weiter aus ... *[ca. 20 Sekunden]*.
- Wenden Sie nun Ihre Aufmerksamkeit Ihren **Nackenmuskeln** zu. Beugen Sie den Kopf nach vorn, pressen Sie das Kinn gegen die Brust und achten Sie auf die Spannung in Ihrem Nacken ... *[5 Sekunden]*.
- Rollen Sie den **Kopf** auf die rechte Seite und erleben Sie die veränderte Spannung ... *[5 Sekunden]*. Nun rollen Sie den Kopf zur linken Seite und spüren, wie die Spannungsgefühle wechseln ... *[5 Sekunden]*.
- Schließlich lassen Sie den Kopf in eine angenehme Lage zurückkehren. Spüren Sie die wohlige Gelöstheit, lassen Sie die Entspannung weitergehen ... *[ca. 20 Sekunden]*.
- Nun ziehen Sie Ihre **Schultern** hoch, ganz hoch. Halten

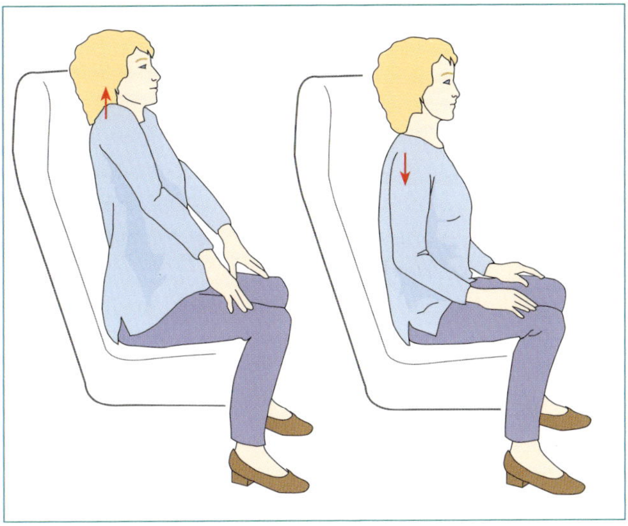

Sie die Spannung, spüren Sie die Spannung im Schultergürtel ... *[5 Sekunden]*.

- Lassen Sie jetzt Ihre Schultern langsam sinken und beobachten Sie, wie sich die Entspannung von den Schultern über den oberen Rücken ausbreitet. Entspannen Sie Ihren Nacken und Ihr Gesicht und spüren Sie, wie die Entspannung weiter und weiter geht ...
- Wenn Sie die Übung beenden möchten, beugen und strecken Sie ruckartig Ihre Arme, bis Sie wieder hellwach sind ... *[max. 5 Sekunden]*.

Entspannung des Leibes

- Nehmen Sie eine bequeme Haltung ein. Entspannen Sie sich, so gut es Ihnen möglich ist. Ihr Atem fließt frei und leicht. Spüren Sie, wie mit dem Ausatmen die Entspannung zunimmt.

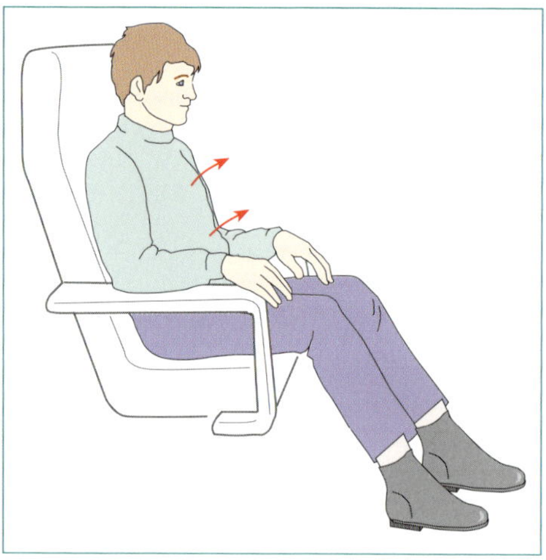

- Nun atmen Sie tief ein, sodass **Bauch und Brust** sich wölben, dann halten Sie Ihren Atem an ... *[5 Sekunden]* – und atmen Sie aus. Lassen Sie Ihren Bauch und Brustkorb locker: Die Luft strömt automatisch aus. Genießen Sie die Entspannung ... *[ca. 20 Sekunden]*.
- Nun noch einmal: Atmen Sie tief ein, halten Sie den Atem an ... *[5 Sekunden]* – und lassen Sie die Luft wieder ausströmen. Erleben Sie die Erleichterung. Sie atmen ruhig und gelöst ... *[ca. 20 Sekunden]*.
- Spannen Sie nun Ihre **Bauchmuskeln** an, indem Sie Ihren Bauch nach innen ziehen. Spannen Sie die Muskeln fest an und fühlen Sie diesen Druck ... *[5 Sekunden]*.
- Nun entspannen Sie, lassen Sie Ihren Bauch wieder locker ... *[ca. 20 Sekunden]*.
- Spannen Sie nun Ihre **Bauchmuskeln** an, indem Sie Ihren Bauch nach außen drücken. Machen Sie die

Bauchmuskeln ganz fest und hart ... *[5 Sekunden]* und entspannen Sie. Lassen Sie die Muskeln locker und spüren Sie den Unterschied von Anspannung und Entspannung ... *[ca. 20 Sekunden].*

- Noch einmal: Ziehen Sie Ihren Bauch nach innen. Spüren Sie die Spannung ... *[5 Sekunden].*
- Und entspannen Sie die Bauchmuskeln völlig, überlassen Sie sich dem Gefühl der Entspannung ... *[ca. 20 Sekunden].*
- Konzentrieren Sie sich jetzt auf Ihren **Rücken.** Spannen Sie nun Ihre Rückenmuskeln an, indem Sie Ihre Schultern nach hinten ziehen. Spüren Sie die Spannung im Rücken. Verstärken Sie die Spannung in Ihrem Rücken und in Ihren Schultermuskeln ... *[5 Sekunden]* und nehmen Sie wieder eine bequeme Haltung ein. Lockern Sie sich. Spüren Sie den Unterschied von Anspannung und Entspannung. Lassen Sie das angenehme Gefühl sich ausbreiten ... *[ca. 20 Sekunden].*
- Wenn Sie die Übung beenden möchten, beugen und strecken Sie ruckartig Ihre Arme, bis Sie wieder hellwach sind ... *[max. 5 Sekunden].*

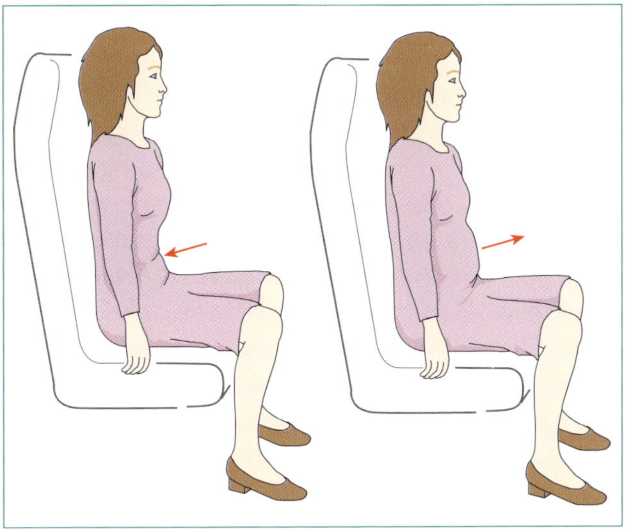

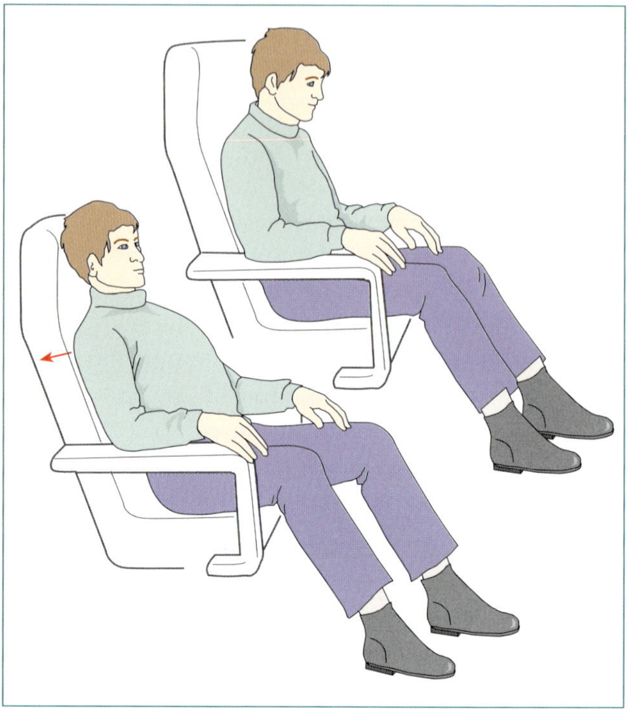

Entspannung der Beine und des ganzen Körpers

- Bleiben Sie entspannt und genießen Sie die innere Ruhe … *[ca. 20 Sekunden]*.
- Drücken Sie nun die Fersen fest auf den Boden, und spüren Sie die Spannung in Ihrem **Gesäß** und Ihrer **Oberschenkelmuskulatur.** Verstärken Sie die Anspannung … *[5 Sekunden]* und entspannen Sie Ihr Gesäß und die Muskeln Ihrer Schenkel. Erleben Sie den Unterschied von Spannung und Entspannung, lassen Sie die Entspannung sich ausbreiten… *[ca. 20 Sekunden]*.
- Drücken Sie Ihre Füße und Zehen nach unten, weg vom Gesicht, sodass Ihre **Wadenmuskulatur** gespannt wird. Spüren Sie die Spannung … *[5 Sekunden]* und entspannen Sie Ihre Füße und Waden. Erleben Sie die Lösung der Verspannung … *[ca. 20 Sekunden]*.

- Beugen Sie diesmal Ihre Füße und Zehen nach oben, in Richtung auf Ihr Gesicht, und spüren Sie die Spannung in Ihren **Schienbeinen** ... *[5 Sekunden].* Entspannen Sie wieder. Entspannen Sie Ihre Füße – Ihre Knie, die gesamten Beinmuskeln – das Gesäß – die Hüften. Erleben Sie die Schwere Ihres Unterkörpers, während sich die Entspannung weiter ausbreitet ... *[ca. 20 Sekunden].*
- Dehnen Sie die Entspannung auf Ihren Bauch aus – und auf Ihr Kreuz. Fühlen Sie die Entspannung, sie breitet sich weiter aus über Ihren Rücken, Ihre Brust, Ihre Schultern und Arme bis in die Fingerspitzen hinein. Entspannen Sie Nacken, Kiefer und Ihre übrigen Gesichtsmuskeln. Ihr Atem fließt frei und ruhig, genießen Sie die Ruhe ... *[ca. 20 Sekunden].*
- In völliger Entspannung widerstrebt es Ihnen, auch nur einen Muskel Ihres Körpers zu bewegen. Denken Sie an die große Mühe, die es Ihnen bereiten würde, wenn Sie Ihren rechten Arm heben sollten ... Prüfen Sie, ob bei diesem Gedanken irgendeine Spannung in Ihren Schultern oder Ihren Armen entstanden ist... Nun beschließen Sie, Ihren Arm nicht zu heben; bleiben Sie weiterhin ruhig und tief entspannt ... Wenn Sie die Übung beenden möchten, beugen und strecken Sie ruckartig Ihre Arme, bis Sie wieder hellwach sind.

Feuerwehrübungen

Neben den beschriebenen Übungen gibt es auch so genannte »Feuerwehrübungen«, die in wenigen Sekunden zur völligen Entspannung führen und deshalb für die Anwendung im Warteraum und im Flugzeug besonders geeignet sind. Dabei spannen Sie möglichst viele Muskeln an, halten die Spannung einige Sekunden und entspannen.

Der Muskelpanzer

- Krümmen Sie Ihren Rücken und Ihren Kopf nach vorn zu einem Halbkreis. Drücken Sie das Kinn gegen die

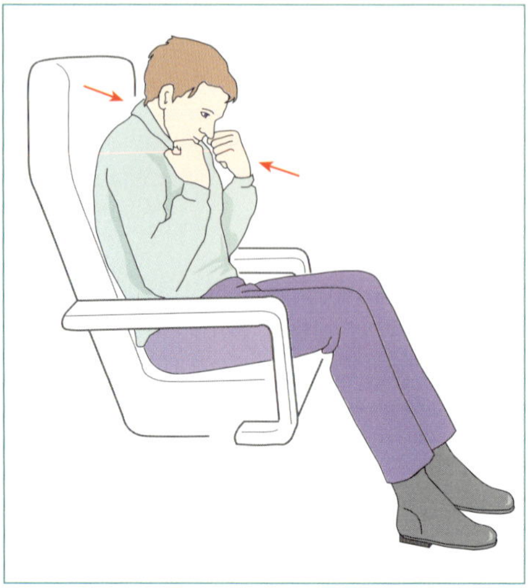

Brust. Spannen Sie die gesamte Gesichtsmuskulatur an. Drücken Sie bei hochgezogenen Schultern die Unterarme gegen die Oberarme, ballen Sie beide Fäuste. Machen Sie Ihre Bauchdecke hart. Spannen Sie die Gesäßmuskulatur an. Drücken Sie die Fersen gegen den Boden. Halten Sie die Spannung 5 Sekunden – entspannen Sie.

Die Streckübung im Sitzen

- Nehmen Sie die Arme über den Kopf und umfassen Sie rechts und links die Kopfstütze Ihres Sitzes. Ziehen Sie die Kopfstütze zu sich hin. Strecken Sie gleichzeitig Ihre Beine, die Zehen zeigen nach unten. Spannen Sie die Gesäßmuskulatur an, halten Sie die Spannung 5 Sekunden – entspannen Sie.

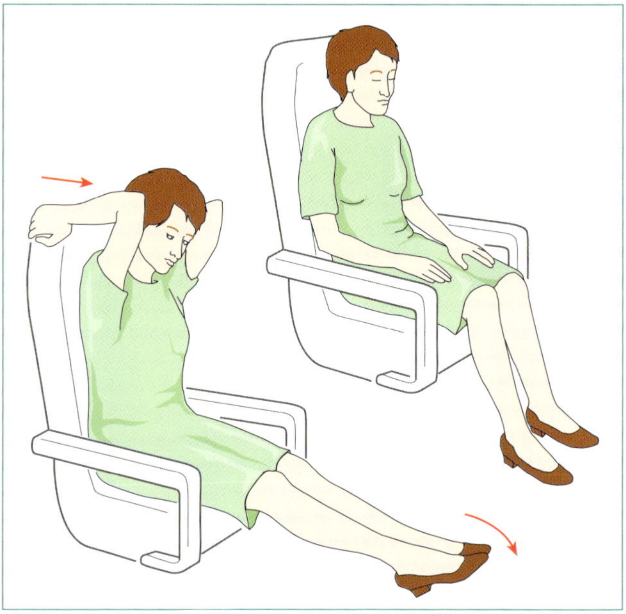

Richtiges Atmen

Angst löst im Körper eine Stressreaktion aus, die zu einer erhöhten körperlichen Leistungsfähigkeit führt. Dabei vergrößern sich auch die Atemgeschwindigkeit und -tiefe, um die Muskulatur mit genügend Sauerstoff zu versorgen und das Kohlendioxid als »Abfall« abzuarbeiten. Das funktioniert gut, wenn wir uns körperlich betätigen. Da die Muskeln im Flugzeug nichts zu tun haben, fällt jedoch wenig Kohlendioxid an.

Das heftige und zu schnelle Atmen bei Übererregung (**Hyperventilation**) bewirkt, dass sich im Blut zu viel Sauerstoff und zu wenig Kohlendioxid befindet. Das Blut ist aber darauf eingerichtet, immer Kohlendioxid mit sich zu führen. Das Kohlendioxid, das ausgeatmet werden soll, wird von Eiweißkörperchen im Blut transportiert. Ist das Kohlendioxid verschwunden, lagert sich Kalzium an das Eiweiß im Blut. Das Kalzium im Blut hat die wichtige Funktion, die Muskulatur geschmeidig zu halten. Weniger freies Kalzium im Blut erhöht die Krampfbereitschaft der Muskulatur.

Zu viel Sauerstoff und zu wenig Kohlendioxid im Blut führen zu körperlichen Folgeerscheinungen, die vielfach als beunruhigend erlebt werden.

Die Übersäuerung des Blutes führt zu einem Kribbeln in den Lippen und um den Mund herum. Dann kribbelt es auch in Händen und Füßen, und die Finger ziehen sich zusammen. Druck und Engegefühle in Brust und Hals können auftreten. Durch die Veränderung der Kohlendioxid-Konzentration nimmt die Gehirndurchblutung ab, was zu Schwindel, Benommenheit und Schwarzwerden vor den Augen führt. Diese körperlichen Vorgänge werden als extrem beunruhigend erlebt und wirken häufig als Auslöser immer wieder auftretender Ängste.

Um wieder einen ausgeglichenen Bluthaushalt zu bekommen, sollten Sie ruhig und langsam in den Bauch und nicht in die Brust atmen. Atmen Sie dabei doppelt so lange aus wie ein. Ist die Hyperventilation stark ausgeprägt, hilft es, sich eine Plastiktüte vor Mund und Nase zu halten und das abgeatmete Kohlendioxid langsam wieder einzuatmen.

Dadurch steigt der Kohlendioxidgehalt im Blut wieder an, es gibt auch wieder mehr freies Kalzium im Blut, und die Muskeln werden geschmeidig.

Mit einer einfachen Atemtechnik lassen sich diese unangenehmen körperlichen Symptome verhindern. Geeignet ist z. B. die **Zwerchfellatmung:** Atmen Sie durch die Nase bis tief in die Lungenspitzen ein. Dabei senkt sich das Zwerchfell nach unten und verschafft den dahinter liegenden Organen mehr Platz, der Bauch wölbt sich. Beim Ausatmen lassen Sie die Luft durch den leicht geöffneten Mund ausströmen, dabei sinkt die Bauchdecke wieder ein.

Richtiges Atmen fördert die Entspannung. Atmen Sie immer doppelt so lange aus wie ein.

Um auch in Stresssituationen zu dieser Art der Atmung zu gelangen, wenden Sie die **O-M-Technik** an: Atmen Sie normal ein, und lassen Sie die Luft zunächst durch den geöffneten Mund herausströmen, wobei Sie mit Ihren Lippen ein O formen. Wenn Sie spüren, dass der Luftstrom schwächer wird, verändern Sie die Stellung Ihrer Lippen zu einem M, bis der Luftstrom schließlich versiegt. Anschließend atmen Sie erneut ein, und Sie werden merken, dass ganz selbstverständlich die Zwerchfellatmung einsetzt.

▼ Informationen über das Flugzeug und die Flugtechnik aus erster Hand können Ängste nehmen.

Beruhigendes Wissen

Wissen ist zwar nicht alles, aber es hilft. Erhält man Informationen über das Flugzeug und die Flugtechnik aus erster Hand, so werden viele Angstreize auf gedanklicher Ebene ihrer Grundlage beraubt. Nehmen wir die angstbesetzte Aussage eines Aviophobikers über die sich verändernden Geräusche der Triebwerke. Würde er von einem Flugkapitän erklärt bekommen, dass je nach Flugsituation eine unterschiedliche Leistung von den Triebwerken abgerufen wird und so die Veränderung des Geräuschpegels zu erklären ist, wären seine Befürchtungen, dass die Triebwerke ausfallen könnten, sicherlich aufgehoben. Dasselbe gilt auch für die Tragflächen. Immer wieder hört man von Flugängstlichen »Die Tragflächen wackeln so stark, dass sie abzubrechen drohen«.

Wissen über die Flugtechnik kann helfen, die Angst vorm Fliegen abzubauen.

Wüssten sie um die Tatsache, dass dieses Schwingen der Tragflächen konstruktionsbedingt ist, damit sie eben nicht abbrechen, wäre auch diese Befürchtung entkräftet. Die Tragflächen einer Boeing 747 beispielsweise sind aus der Ruhelage heraus an ihren Spitzen um rund *acht* Meter nach oben und *vier* Meter nach unten biegbar, ehe eine theoretische Bruchgefahr besteht. Doch eine solche Biegung nach unten oder nach oben ist selbst bei der größten anzunehmenden Turbulenz nicht möglich. Oder nehmen wir die so genannten »Luftlöcher«, die für den Fluggast manchmal mit einem Absacken, d. h. mit einem schnellen Verlust an Höhe oder umgekehrt mit einem plötzlichen Aufsteigen verbunden sind. Das Wissen, dass es Luftlöcher eigentlich nicht gibt, sondern dass es sich dabei um starke vertikale Luftbewegungen (Turbulenzen), handelt, kann ebenso zu einer Angstminderung beitragen wie das Wissen, dass Flugzeuge auf diese Belastungen hin konstruiert sind. Die Elastizität des Flugzeugmaterials muss vom Hersteller in härtesten Tests nachgewiesen werden.

▲ Gerade in großen Höhen fliegt das Flugzeug unter besten aerodynamischen Bedingungen.

Der bloße Gedanke, dass der Flug in 11 000 Meter Höhe stattfindet und zwischen dem Flugzeug und der Erde sich scheinbar nichts befindet, führt bei manchen Menschen zu Beklemmungen. Sie wissen aber nicht, dass das Flugzeug gerade in diesen Höhen unter günstigsten aerodynamischen Bedingungen fliegt (ab Seite 56 vermittelt Ihnen ein Flugkapitän, der Piloten ausbildet, weiteres Wissen über die Flugtechnik).

Negative Gedanken in positive umwandeln

Wie wir gesehen haben, machen wir uns mit negativen Gedanken das Leben schwer. Solche Gedanken und die mit der Angst verbundene körperliche Erregung beeinflussen sich gegenseitig, sodass wir immer tiefer in den Sog der Angst geraten. Wenn es uns gelingt, diese Verzerrung des Denkens zu korrigieren, verliert die Angst ihren Schrecken. »Nicht die Angst macht mir Angst, sondern ich mache mir Angst!«

In seinem Buch »Anleitung zum Unglücklichsein« erzählt der Kommunikationsforscher Paul Watzlawick folgende Geschichte: Ein Mann will ein Bild aufhängen. Zwar hat er einen Nagel, aber keinen Hammer. Der Nachbar hat einen. Er beschließt hinüberzugehen und sich den Hammer auszuleihen. Doch da befällt ihn die Befürchtung, sein Nachbar könnte ihm den Hammer nicht ausleihen wollen, zumal er ihn am Vortag nur flüchtig gegrüßt hat. Die Tatsache, dass sein Nachbar am Vortag in Eile gewesen sein könnte, verblasst in seinen weiteren Überlegungen immer mehr. Stattdessen fixiert er sich nur auf den Gedanken, der Nachbar hätte etwas gegen ihn. Seine Phantasie beeinflusst schließlich auch sein Verhalten, sodass er beim Nachbarn klingelt, um ihn anzuschreien: »Behalten Sie Ihren Hammer, Sie Rüpel.«

▼ Jedes Ding hat zwei Seiten: Was sehen Sie zuerst, zwei Gesichter oder eine Vase?

Dem Mann in Watzlawicks Geschichte unterläuft der gleiche entscheidende Denkfehler wie dem Flugängstlichen: Beide haben sich von vornherein auf einen negativen Ausgang des Ereignisses festgelegt und sich in der Konsequenz auch dementsprechend verhalten. So wie sie denken, verschließen sie sich der positiven Alternative. Bekanntlich hat aber jedes Ding zwei Seiten.

Für den Aviophobiker, der seine Angst abbauen möchte, ist es höchste Zeit, dass er sich aufmacht, die »andere Seite« zu entdecken. Nichts spricht dafür, an seiner vertrauten und zur Gewohnheit gewordenen Angst festzuhalten, viel aber dafür, sich für eine realistischere Sichtweise zu öffnen. Hier gilt die Devise: Warum es nicht einmal anders probieren?!

Tauschen Sie negative, angstmachende Gedanken gegen positive aus:

Negativ ist,	Positiv ist,
▮ wenn Sie sich den schlimmsten Fall ausdenken. Die meisten Flugunfälle passieren in der Phantasie und nicht in der Wirklichkeit;	▮ wenn Sie sich den normalen Ablauf des Fluges vorstellen, indem Sie sich vergegenwärtigen, was alles unternommen wird, um höchstmögliche Sicherheit zu gewährleisten;
▮ wenn Sie sich entmutigen, indem Sie die eigenen Fähigkeiten unterschätzen. Angeschnallt und nahezu bewegungslos im Flugzeug zu sitzen, führt oft zu Gefühlen von Hilflosigkeit und Ohnmacht;	▮ wenn Sie sich ermutigen, durch ihre Stärken und Fähigkeiten für Ihr Wohlbefinden zu sorgen, z. B. durch Entspannungsübungen;
▮ wenn Sie sich vorsagen »Ich werde bestimmt wieder Angst haben«. Damit geben Sie sich keine Chance, dass etwas anderes eintritt als das, was Sie sich selbst prophezeit haben;	▮ wenn Sie sich vorsagen: »Ich brauche keine Angst zu haben.« Diese positive Selbstsuggestion führt zu einer entspannteren Haltung;
▮ wenn Sie aufgrund früherer schlechter Erfahrungen verallgemeinern: »Das war bei mir schon immer so.«	▮ wenn Sie sich klarmachen, dass der bevorstehende Flug mit Ihren bisherigen Erfahrungen keine Verbindung hat, sondern Ihnen die Möglichkeit zu einem neuen Erlebnis gibt.

Gedanken-Stopp

Wir wollen nun den Flugängstlichen Hilfestellungen geben, die vor oder während des Fluges plötzlich von einer ganzen Abfolge negativer Gedanken heimgesucht werden, denen sie sich hilflos ausgesetzt fühlen. Statt sich solchen Gedankenketten willenlos auszuliefern, sollten sie diesen fortschreitenden Prozess aktiv unterbrechen. Die Methode des Gedanken-Stopps ist eine Hilfe, die Angst für einen bestimmten Zeitraum zu beherrschen und so einen mehrstündigen Flug zu überstehen. Angenommen, ein Fluggast wird im Moment höchster Erregung von unerwünschten negativen Gedanken, die sich verselbständigt haben, völlig überflutet. Ihm raten wir, diese Methode anzuwenden, um seine Erregung unter Kontrolle zu bekommen und sich Erleichterung zu verschaffen.

PRAXISTIPP

Den Gedanken-Stopp üben

Damit auch Ihnen die Gedanken-Stopp-Methode zuverlässig gelingt, sollten Sie die Vorgehensweise vorher üben. Überlegen Sie zunächst zu Hause, welche Gedanken, welche Vorstellungen Sie unterbrechen oder ganz abbauen möchten. Schließen Sie die Augen und konzentrieren Sie sich auf diese Gedanken und Vorstellungen. Stellen sich die unerwünschten Gedanken ein, rufen Sie laut »stopp!« Dieses »stopp!« sollte Befehlscharakter haben und auch körperlich spürbar sein, indem Sie sich beispielsweise dabei in den Arm kneifen oder einen kräftigen Ruck geben, wie etwa beim Zusammenzucken. Später genügt dann die bloße Vorstellung, laut »stopp!« zu rufen. Üben Sie dieses Vorgehen zu Hause mindestens zweimal täglich fünf bis zehn Minuten lang. Darüber hinaus natürlich auch immer dann, wenn der unerwünschte Gedanke auftritt. Gerade am Anfang kann es dazu kommen, dass der Gedanke zwar unterbrochen wird, aber anschließend sofort wiederkommt, sich somit Denken und Unterbrechen während der Übungszeit unentwegt abwechseln. Der unerwünschte Gedanke kann sich zunächst sogar häufiger einstellen, wird Sie aber nach mehreren Übungseinheiten weniger oder gar nicht mehr plagen.

Den nach dieser Methode durch Unterbrechung geschaffenen Freiraum können Sie dazu nutzen, einen hilfreichen Gedanken abzurufen. So könnten Sie Ihre Vorstellung auf eine mit der Angst unvereinbare Situation lenken und somit Ihre Phantasie in produktiver und nicht in destruktiver Weise spielen lassen. Auch die Konzentration nach dem »Stopp«-Signal auf Entspannung mindert die Angst, da Entspannung mit dem unerwünschten Gedanken und der damit verbundenen Angst unvereinbar ist.

Gedanken konsequent zu Ende denken

Der vorgestellte Gedanken-Stopp ist eine Hilfe bei höchster ängstlicher Erregung, aber keine Lösung, die auf *Dauer* zufrieden stellen kann. Meist hilft hier nur: Gedanken zulassen. Der Psychotherapeut Victor Frankl führte in diesem Rahmen den Begriff der »paradoxen Intention« ein. Er vertrat die Auffassung, dass man sich unerwünschter Gedanken (auch Gefühle oder Verhaltensweisen) dann am leichtesten entledigt, wenn man diese zulässt.

Achtung

Diese Methode erfordert zunächst etwas Überwindung

Das Konzept, wonach unerwünschte Vorstellungen von Nutzen sein können, ist zunächst verwirrend. Vielen Aviophobikern macht es Angst, ihre Aufmerksamkeit dem unerwünschten Gedanken zuzuwenden. Doch nach einer kurzen Phase erhöhter Anspannung tritt bald ein Zustand relativer Entspannung ein. Wenn Sie sich dem negativen Gedanken stellen, können Sie nämlich häufig sogar etwas über ihn erfahren, sodass er Sie nicht mehr so gefangen nimmt. Vielleicht gewöhnen Sie sich sogar an ihn, und mit der Zeit langweilt er Sie. Gelingt es Ihnen folglich, sich zu überwinden, und den Gedanken zuzulassen, den Sie am stärksten vermeiden wollten, werden Sie die Erfahrung machen, dass Sie mit dem Gedanken umgehen können, und die Angst wird nachlassen.

Wege aus der Angst

In der Flugangst kommt die Urangst des Menschen vor dem Tod zum Vorschein.

Ein Beispiel soll die Methode des »Gedanken-konsequent-zu-Ende-Denkens« verdeutlichen.

- Schließen Sie die Augen, konzentrieren Sie sich auf die folgende Aufgabe: Stellen Sie sich zwei Minuten lang keinen weißen Bären vor! Sie werden merken, dass Sie früher oder später während dieser zwei Minuten nur noch den weißen Bären sehen. Indem wir uns bemühen, gewisse Gedanken nicht zuzulassen, drängen sie sich geradezu auf. Warum also ihre Energie für ihre Unterdrückung vergeuden, wenn es ohnehin nicht gelingt? Vielmehr sollte man solche bedrängenden Gedanken zulassen und sie konsequent zu Ende denken. Und siehe da, so manche Horrorvorstellung verliert an Schrecken. Fliegen induziert wie kaum ein anderes Ereignis die Urangst vor dem Tod. Schlagartig werden wir uns beim Fliegen der Endlichkeit unseres Daseins bewusst. Wenn man die konkreten Angstgedanken beim Fliegen weiterdenkt, wird man sich auch mit dieser Urangst auseinandersetzen müssen. Wer sich darauf einlässt, wird feststellen, dass die verdrängten Gedanken an den Tod viel von ihrem Schrecken verlieren, wenn man sie konsequent zu Ende denkt. Dann wird man freier und zwangloser leben.

Gedanken-Stopp und *konsequentes Zu-Ende-Denken* können als sich ergänzende Vorgehensweisen verstanden werden. Letzteres Vorgehen eignet sich weniger für die Situation des Fliegens selbst als vielmehr für den Zeitraum vor dem nächsten Flug oder danach. Außerdem ist für dieses »paradoxe« Vorgehen eine Voraussetzung sehr wichtig, nämlich die Bereitschaft, die mit dem Zulassen des Gedankens verbundene psychische und körperliche Erregung auszuhalten.

Angstbewältigung vor dem Flug und an Bord

Angstbewältigung beginnt schon *vor* dem Flug. Wenn Sie die folgenden Maßnahmen beherzigen, werden Sie feststellen, dass die Erregung nachlässt oder gar nicht erst so stark ansteigt.

- Kommen Sie am Reisetag rechtzeitig zum Flughafen, so vermeiden Sie Stress.
- Bummeln Sie nach dem Einchecken durch den Flughafen.
- Trinken Sie vor dem Abflug keinen Kaffee und keinen Alkohol. Beides steigert unnötig die Erregung.
- Lenken Sie sich durch Spiele und interessante Lektüre ab. Beginnen Sie Gespräche mit anderen Fluggästen.
- Ersetzen Sie auftauchende negative Gedanken durch positive.
- Informieren Sie schon beim Einsteigen die Flugbegleiter, dass Sie zur großen Gruppe der Flugängstlichen zählen. Sollte Ihnen während des Fluges irgend etwas außergewöhnlich vorkommen, so zögern Sie bitte nicht, die Flugbegleiter anzusprechen und um eine Erklärung zu bitten.
- Wenden Sie bei den ersten Anzeichen von Angst die beschriebenen Atem- und Entspannungstechniken an.
- Nutzen Sie das Bordprogramm, um sich abzulenken.

▲ Rechtzeitiges Einchecken ist bereits eine erste Maßnahme zur Stressvermeidung.

Konfrontation statt Vermeidung

Erfahrungsgemäß vermeiden viele Aviophobiker das Fliegen, wo sie nur können. Dieses Verhalten ist zwar verständlich, führt aber nicht zur Konfliktlösung. Zum einen wird ihr Lebensraum eingeschränkt, zum anderen berauben sie sich der Möglichkeit, eine positive Erfahrung zu machen, die dazu beiträgt, entspannter zu fliegen.

Ein uns allen bekanntes Genie litt unter Höhenangst, die ja auch manche Aviophobiker plagt. Er konnte sich selbst helfen, indem er sich bewusst jener Situation aussetzte, vor der er panische Angst hatte. Während er damals die Krone des Münsterturms erstieg, würde er wahrscheinlich in unserem technischen Zeitalter den Frankfurter Flughafen aufgesucht haben.

Es war Johann Wolfgang v. Goethe, der seine Phobie durch Konfrontation erfolgreich behandelte. Er setzte sich dem angstauslösenden Reiz (Höhe) *gleich in höchster Intensität* aus.

Wer entspannt ist, hat auch keine Angst.

Die Verhaltenstherapie bezeichnet diese Vorgehensweise, die vor allem zur Behandlung von Phobien eingesetzt wird, als **Reizüberflutungstherapie** (flooding). Der Phobiker soll die angstauslösende Situation so lange aushalten, bis die Angst nachlässt und er spürt, dass sie unbegründet ist und dass keine Gefahr besteht. Die Situation wird also neu bewertet. In Zukunft wird die gleiche Situation keine Angst mehr auslösen, der Phobiker braucht sie also nicht mehr zu meiden.

▲ Ein Langstreckenflug ohne große Vorbereitung kann eine wirksame »Rosskur« für Menschen mit Flugangst sein.

Eine ähnliche Methode ist die **systematische Desensibilisierung.** Der Phobiker wird dabei jedoch *nach und nach* an die angstauslösende Situation gewöhnt, indem *er in immer stärkerem Maß* mit ihr konfrontiert wird. Der Betroffene muss diese Konfrontationen jeweils so lange ertragen, bis die Angst verschwindet. Dabei hilft ihm ein Entspannungstraining, das er durchführt, wenn er sich unmittelbar in der angstbesetzten Situation befindet. Dabei lernt er, dass

Angst und Entspannung nicht gleichzeitig bestehen können.

INFO

Vorher den Arzt fragen

Reizüberflutung und Desensibilisierung setzen physische und psychische Belastbarkeit voraus. Da eventuell starke physiologische Reaktionen auftreten können, ist vorher unbedingt eine ärztliche Untersuchung anzuraten. Erfahrungen zeigen, dass das Erregungsniveau erst zwei bis zweieinhalb Stunden nach der Konfrontation sinkt.

AUS DEM LEBEN

Eine Rosskur gegen die Flugangst

Seit Ulrikes erstem Flug vor zwölf Jahren löst allein schon der Gedanke an ein Flugzeug bei ihr Beklemmungen aus. Nicht nur die unverstandene Technik mit ihren unheimlichen Geräuschen versetzt sie in Angst, sondern auch das Eingeschlossensein in der Flugzeugkabine ruft Panikgefühle hervor. Was für andere Vorfreude auf eine Reise ist, bedeutet für Ulrike eine Reihe schlafloser Nächte. Mit psychologischer Unterstützung will sie lernen, mit dieser Angst umzugehen. Sie unternimmt ohne große Vorbereitung einen Langstreckenflug von Frankfurt nach Los Angeles und nimmt dabei eine wirkliche »Rosskur« auf sich. Ulrike setzt sich stärksten Angstreizen aus (Reizüberflutung) und lernt aus dieser Erfahrung, damit umzugehen. Zuvor hat sie sich aber von ihrem Arzt versichern lassen, dass sie in der Lage ist, starke Angst körperlich zu ertragen.

Der Flug von Frankfurt nach Los Angeles dauert etwa elf Stunden. Ein Psychologe begleitet sie. Ihm gegenüber äußert sie ihre Befürchtungen und spricht über die Katastrophenphantasien, die sie beschäftigen. Dadurch kann sie ihre Angst auf einem mittleren Niveau halten und somit eine optimale Voraussetzung für eine neue, positive Flugerfahrung schaffen.

In der ersten Phase des Fluges sind bei Ulrike deutliche Anzeichen großer körperlicher Erregung festzustellen. Das Niveau der Erregung kann mit bestimmten Meßgeräten ermittelt werden. Nach etwa zwei Stunden normalisiert sich ihr Zustand und ändert sich, objektiv gesehen, bis zum Zielflughafen nicht. Subjektiv fühlt sie sich zunehmend wohler. Kurz vor der Landung in Los Angeles schläft sie dann ein. Der Flug hat sich gelohnt, denn ab jetzt stehen ihr alle Reiseziele offen – und das sind wesentlich mehr, als sie mit dem Auto erreichen kann.

Wege aus der Angst

Vielleicht trauen Sie sich – mit diesem Wissen gewappnet – erneut ins Flugzeug, entweder allein oder mit Unterstützung eines Therapeuten, wie Ulrike in unserem Beispiel. Sie hat es geschafft, eine jahrelang bestehende Aviophobie innerhalb eines Tages zu verlieren.

▼ Neben den vorgeschriebenen Unterlagen gehören auch verschiedene Checklisten zum Arbeitsmaterial der Piloten.

Checkliste zur Krisenintervention

Wie Sie vielleicht wissen, bedienen sich die Piloten einer Reihe von Checklisten, mit denen sie sicherstellen, dass sie nichts vergessen haben. Wir geben Ihnen nachfolgend ebenfalls eine Checkliste an die Hand – mit den wichtigsten und wirksamsten Methoden zur Angstkontrolle. Diese Checkliste zergliedert den Handlungsablauf des Fliegens in einzelne kleine Schritte und bietet für jeden dieser Schritte Hilfen an und zwar für alle drei Komponenten der Angst (vgl. S. 14). Somit wird der Flug, der häufig wie ein unüberschaubarer Berg vor Ihnen steht, überschaubar. Ab Seite 49 haben Sie selbst dann die Möglichkeit, Ihren *persönlichen* Plan zur Angstbewältigung zu erstellen.

CHECKLISTE

Situation und Befinden: Sie haben sich für den Flug entschieden und spüren deshalb, wie in Ihnen Erregung aufkommt.

- **Gedanken:** Es ist gut, dass Sie sich für den Flug entschieden haben, weil Sie sich so die Chance geben, eine neue Erfahrung zu machen.
- **Körper:** Mit Hilfe von Entspannungstechniken können Sie Ihre Erregung verringern. Es bieten sich besonders die Feuerwehrübungen an.
- **Verhalten:** Nutzen Sie bis zum Flug jede sich bietende Gelegenheit zur Bewegung. Sie können z.B. regelmäßig spazierengehen, joggen, fahrradfahren oder schwimmen, um so Ihren »Stresspegel« zu regulieren.

Situation und Befinden: Sie wissen, dass Sie morgen fliegen werden und spüren, wie Ihre Unruhe wächst.

- **Gedanken:** Führen Sie sich vor Augen, dass Sie schon andere »schwierige« Situationen in Ihrem Leben erfolgreich gemeistert haben. Erinnern Sie sich außerdem daran, dass Sie gut vorbereitet sind.
- **Körper:** Verzichten Sie auf die untauglichen Versuche, durch übermäßiges

CHECKLISTE

Rauchen, Kaffee- und Alkoholtrinken oder die Einnahme von Beruhigungsmitteln die Erregung zu dämpfen. Setzen Sie statt dessen Entspannungstechniken ein. Gönnen Sie sich vor dem Flug ausreichend Ruhe.

- Verhalten: Planen Sie Ihren Tag möglichst so, dass Sie unnötigen Stress vermeiden und so die erhöhte Erregung nicht noch weiter anheizen.

Situation und Befinden: Sie spüren schon am Morgen die Aufregung vor dem Flug.

- Gedanken: Beruhigen Sie sich damit, dass diese Aufregung ganz normal ist, und versuchen Sie, sie zu akzeptieren. Sie wissen, das Sie etwas tun können, um zu verhindern, dass die Aufregung noch stärker wird.
- Körper: Nehmen Sie sich zehn Minuten Zeit, um sich systematisch zu entspannen, indem Sie Muskel für Muskel anspannen und danach entspannen.
- Verhalten: Auch wenn es Ihnen schwer fällt, sollten Sie frühstücken. Wählen Sie ganz bewusst Nahrungsmittel, die leicht verdaulich sind und Ihren Körper nicht zu stark belasten.

Situation und Befinden: Sie sitzen vor dem Abflug im Warteraum und sind unruhig.

- Gedanken: Rufen Sie sich die Tatsache in Erinnerung, dass jede halbe Minute ein Flugzeug sicher startet und landet. Freuen Sie sich auf das Urlaubsziel.
- Körper: Machen Sie Entspannungsübungen, am besten Feuerwehrübungen (siehe Seite 33).
- Verhalten: Gehen Sie gezielt auf und ab, um so Spannungen abzuführen.

Situation und Befinden: Sie leiden kurz vor dem Einsteigen unter Schwellenangst und fühlen sich innerlich wie zerrissen.

- Gedanken: Nach Hause gehen hilft nicht. Sie werden allenfalls kurzfristig eine Erleichterung verspüren, aber schon wenig später werden Selbstzweifel an Ihnen nagen, und der Ärger auf sich selbst wird zunehmen. Denken Sie daran. Überwinden Sie sich, denn nur Einsteigen bringt Sie weiter. Die Versagensgefühle absorbieren wesentlich *mehr Energie* als der kurze Gang ins Flugzeug.
- Körper: Wichtig ist die Kontrolle der körperlichen Erregung durch jede Form der Entspannung.
- Verhalten: Werden Sie aktiv. Aber statt nach Hause zu gehen, setzen Sie die bereitgestellte Energie zur Angstbewältigung ein. Suchen Sie Ablenkung, z. B. indem Sie ein Gespräch mit einem anderen Fluggast beginnen.

Situation und Befinden: Beim Start des Flugzeuges nimmt Ihre ängstliche Erregung zu.

- Gedanken: Vertrauen Sie sich den Piloten und der Technik an, weil Sie über die Sicherheitsvorkehrungen beim Fliegen informiert sind. – Es ist also kein blindes, sondern wissendes Vertrauen.
- Körper: Setzen Sie bewusst die beschriebenen Atemtechniken ein. Atmen Sie doppelt so lang aus wie ein, um die Atmung zu kontrollieren. Erin-

CHECKLISTE

nern Sie sich an die O-M-Technik (siehe Seite 36) und wenden Sie sie an.

- Verhalten: Versuchen Sie loszulassen.

Situation und Befinden: Der Moment des Abhebens und der anschließende Steigflug beunruhigt Sie.

- Gedanken: Sie heben ab in die »dritte Dimension.« Dafür ist unser Körper eigentlich nicht vorgesehen. Folglich wird jeder Mensch durch seine körperliche Reaktion mehr oder weniger daran erinnert. Also nicht nur Sie als Flugängstlicher. Während einige dies als Nervenkitzel erleben, dem eine Art *»Angstlust«* zugrunde liegt, verspüren andere den Take-Off als äußerst unangenehm.
- Körper: Akzeptieren Sie die beim Abheben auftretenden körperlichen Reaktionen als etwas Natürliches. Bis zu einem gewissen Grad können Sie modulierend auf sie einwirken, denn eine angespannte Muskulatur puffert die körperlichen Reaktionen ab.
- Verhalten: Wenn Sie zu der Gruppe gehören, für die das Abheben unangenehm ist, so können Sie Ihre Erregung wesentlich dämpfen, wenn Sie sofort den »Muskelpanzer« anwenden. Wie Sie wissen, gehört diese schnell einzusetzende einfache Entspannungstechnik zu den Feuerwehrübungen (siehe S. 33).

Situation und Befinden: Auf 11 000 Meter Höhe ist Ihnen etwas mulmig.

- Gedanken: Führen Sie sich vor Augen, dass Sie Start und Steigflug bereits erfolgreich gemeistert haben. Freuen Sie sich über Ihren Teilerfolg. Sie befinden sich nun in einer Höhe, in der das Flugzeug in seinem Element ist. Denn hier findet es die günstigsten aerodynamischen Bedingungen vor. Sie sind auch nicht von der Erde abgenabelt. Zwischen der Erde und Ihrem Flugzeug befindet sich ein riesiges Luftpolster!
- Verhalten: Nachdem Sie sich vergewissert haben, dass Sie entspannt sind, nutzen Sie die angegebenen Bewegungsmöglichkeiten an Bord des Flugzeuges aus.

Situation und Befinden: Das Flugzeug wird plötzlich unruhig, es fliegt durch Turbulenzen. Es besteht die Gefahr, dass Sie sich verkrampfen und Ihre Erregung steigt.

- Gedanken: Denken Sie daran, dass Turbulenzen sogar die kaltblütigsten Vielflieger unter uns beeindrucken. Turbulenzen können zwar unangenehm sein, aber sie sind keinesfalls gefährlich; seine Belastbarkeit hat das Flugzeug in härtesten Tests bewiesen.
- Körper: Ihr Körper reagiert im »Meer der Lüfte« ebenso wie auf einem Schiff bei Seegang. Versuchen Sie, sich darauf einzustellen, indem Sie die Bewegungen des Flugzeugs nachempfinden.
- Verhalten: Seien Sie auch im Sitzen aktiv. Passen Sie sich den Bewegungen des Flugzeuges an. »Reiten« Sie mit den Wellen der Turbulenzen. Sie werden nicht mehr länger Spielball der Witterungsverhältnisse sein.

CHECKLISTE

Situation und Befinden: Die Landung verzögert sich. Der Pilot fädelt sich in die Warteschleife ein. Sie werden unruhig.

- Gedanken: Bedenken Sie, dass viele andere Flugzeuge unterwegs sind. Über vielen europäischen Flughäfen ist der Luftraum voll. Die Flugsicherung gewährleistet Ihre sichere Landung. Denken Sie daran, dass Sie Ihren erfolgreichen Flug bald abgeschlossen haben werden. Nutzen Sie das verlängerte Flugerlebnis für die Planung des weiteren Tagesablaufes.
- Körper: Sollten Sie immer noch übermäßig erregt sein, so wiederholen Sie die oben beschriebenen Atem- und Entspannungsübungen.

Nach der Landung: Sie haben es geschafft, Glückwunsch. Es war also doch nicht so schlimm, wie Sie es befürchtet haben. Und mit jedem Flug nehmen Sie ein bisschen Abschied von Ihrer Angst. Sie geben sich die Chance, die gelernte Angst wieder zu verlernen.

Ihr persönlicher Plan zur Angstbewältigung

Nachdem Sie die Checkliste zur Krisenintervention Schritt für Schritt durchgegangen sind, können Sie jetzt Ihren persönlichen Plan zur Bewältigung von Flugangst erarbeiten. Überlegen Sie sich, durch welche der dort vorgestellten Strategien **Sie** das Aufkommen von Angst verhindern oder bereits entstandene Angst mindern können. Tragen Sie die gefundenen Möglichkeiten in der Spalte »aktive Selbsthilfe« ein. Sie werden so gut vorbereitet den kommenden Flug antreten.

»Jedem Anfang wohnt ein Zauber inne.« (Hermann Hesse)

Aktive Selbsthilfe

1. Sie haben sich entschieden: Ich fliege. ....
2. Sie sprechen mit anderen Menschen darüber, dass Sie fliegen werden. ....
3. Sie buchen Ihren Flug. ....
4. Sie wissen, dass Sie in Kürze fliegen werden. ....
5. Sie wissen, dass Sie morgen fliegen werden. ....
6. Sie liegen am Vorabend des Fluges im Bett. ....
7. Sie wachen auf und wissen: Heute fliege ich. ....
8. Sie sitzen am Frühstückstisch. ....
9. Sie fahren zum Flughafen. ....
10. Sie kommen in die Abflughalle. ....
11. Sie warten auf die Gepäckabfertigung. ....
12. Sie hören den ersten Aufruf zu Ihrem Flug. ....
13. Das grüne Abflugzeichen blinkt. ....
14. Sie passieren die Flugschein- und Passkontrolle. ....
15. Nun reihen Sie sich bei der Sicherheitskontrolle ein und durchlaufen sie. ....
16. Sie bekommen Ihre Bordkarte und betreten den Warteraum. ....
17. Sie sitzen im Warteraum, es bleiben Ihnen noch zehn Minuten bis zur Abholung. ....
18. Sie befinden sich im Zubringerbus zum Flugzeug bzw. gehen durch den »Finger« (Fluggastbrücke). ....
19. Sie betreten das Flugzeug, suchen sich Ihren Platz, verstauen Ihr Gepäck und setzen sich hin. ....
20. Die Tür wird geschlossen. ....

21. Sie hören die Ansage der Stewardess: »Cabin attendants, all doors in flight.« Das heißt: Sollten die Flugbegleiter die Flugzeugtüren öffnen, solange das Flugzeug noch am Boden steht, werden automatisch die Notrutschen aufgeblasen. ....
22. Sie schnallen sich an und stellen die Sitzlehne senkrecht. ....
23. Das Flugzeug rollt in die Startposition. ....
24. Die Stewardess macht Sie mit den Sicherheitsbestimmungen vertraut. ....
25. Das Flugzeug rollt zum Start. ....
26. Das Flugzeug startet, beschleunigt und hebt ab. ....
27. Ihre Körperlage ändert sich beim Abheben. ....
28. Das Rollgeräusch der Piste hört auf, das Motorengeräusch verändert sich. ....
29. Das Flugzeug befindet sich für die nächsten Minuten im Steigflug. ....
30. Das Zeichen »Nicht rauchen« erlischt. ....
31. Das Flugzeug geht in die Schräglage, um die vorgeschriebene Abflugroute einzuhalten. ....
32. Bei Erreichen der Reisehöhe erlischt das Anschnallzeichen. ....
33. Der Kapitän begrüßt Sie; er informiert Sie über den bevorstehenden Flug. ....
34. Das Flugzeug fliegt ruhig. ....
35. Im Flugzeug ist ab und zu ein leichtes Rütteln und Holpern zu spüren, das beim Durchfliegen unterschiedlicher Luftschichten entsteht. ....
36. Die Stewardessen servieren Speisen und Getränke. ....
37. Sie hören die Ansage einer Stewardess, dass Sie sich anschnallen sollen. ....

38. Sie schnallen sich wieder an. ....

39. Das Flugzeug geht in den Sinkflug über. ....

40. Das Flugzeug fliegt eventuell eine Warteschleife ....

41. Sie hören das Ausfahren der Landeklappen und des Fahrwerks. ....

42. Das Flugzeug geht in die Schräglage. ....

43. Sie können die Landebahn sehen. ....

44. Sie sehen das Zeichen »Nicht rauchen« und hören die Ansage der Stewardess. ....

45. Das Flugzeug setzt auf. ....

46. Die Triebwerke heulen auf, um zu bremsen. ....

47. Beim Ausrollen hören Sie die Ansage »Bitte angeschnallt bleiben, bis die Maschine zum Stillstand gekommen ist und die Anschnallzeichen erlöschen«. ....

48. Bevor die Türen geöffnet werden und die Fluggäste aussteigen können, hören Sie die Ansage der Stewardess »Cabin attendants, all doors in park«. Das heißt: Die Türen können jetzt normal geöffnet werden. ....

49. Der Flug ist beendet, Sie steigen aus. ....

PRAXISTIPP

Die wichtigsten Möglichkeiten der aktiven Selbsthilfe im Überblick

1. **Entspannung**
   - Tiefmuskel-Entspannungstraining (nach E. Jacobson)
     An-spannung ... Halten der Spannung ... Ent-spannung, für jedes einzelne Körperteil: Hände/Arme, Gesicht, Schulter/Nacken, Rücken, Bauch, Gesäß/Füße (s. S. 25).
   - Kurzentspannung (»Feuerwehrübung«)
     An-spannung ... Halten der Spannung ... und Ent-spannung mehrerer Muskelgruppen gleichzeitig (s. S. 33).

2. **Entspannungsatmen**
   - Konzentrieren Sie sich auf Ihre Atmung und beobachten Sie, wie Sie langsam einatmen und ausatmen.
   - Versuchen Sie, Ihren Brustkorb beim Einatmen zu heben und zu dehnen, indem Sie kräftiger einatmen.
   - Atem anhalten, den Atem loslassen und spüren, wie mit dem Ausströmen der Luft auch alle Spannung entweicht.
   - Jetzt ganz normal weiteratmen: Lassen Sie die Luft ganz ruhig ein- und ausströmen und beobachten Sie dabei, wie Ihre Brust immer lockerer und freier wird.

3. **Gedanken-Stopp**
   - Stellt sich ein unerwünschter Gedanke ein, unterbrechen Sie ihn sofort, indem sie innerlich »Stopp!« rufen (s. S. 40)

4. **Die Situation realistisch einschätzen**
   - Führen Sie sich vor Augen, was der Kapitän über die Sicherheit, den Flugablauf, die Geräusche etc. anmerkt (s. S. 56).

5. **Negative Gedanken in positive umwandeln**
   - Sagen Sie sich nicht z. B. »Das schaffe ich nicht«, sondern »Ich bin schon mit ganz anderen Situationen fertiggeworden«.

6. **Sich Mut zusprechen, sich loben**

7. **Gefühle zulassen und beschreiben**
   - Sie lassen Ihre Spannung, Ihre Angst zu. Sie nehmen sie wahr, beschreiben sie. Es ist möglich, mit Ihrer Angst zu reden. Fragen Sie sie z. B.: »Was willst du von mir?«
   - Beobachten Sie, wie sich Ihr Zustand verändert und langsam Entspannung eintritt.

8. **Unangenehme Gedanken konsequent zu Ende denken**
   - Sie lassen sich nicht aus der Ruhe bringen und nehmen ganz bewusst wahr, was in Ihnen vorgeht.
   - Aufkommende Bilder und Gefühle wehren Sie nicht ab.

9. **Haltung verändern und abreagieren**
   - Bewegen Sie sich, reden Sie über die Angst, äußern Sie Ärger und lösen Sie damit die Spannung.

10. **Sich ablenken**

Lufthansa
Lufthansa
Lufthansa
Lufthansa

Am Flughafen und in der Luft

Am Flughafen und in der Luft

Flughäfen haben für die meisten Menschen immer noch etwas Faszinierendes an sich. Auch der Vielflieger, der häufig geschäftlich oder aus privaten Gründen fliegt, kann sich der besonderen Atmosphäre eines Flughafens nicht entziehen.

Protokoll eines Flugkapitäns

Es sind einerseits die Menschen, die aus allen Erdteilen hier ankommen oder in alle Welt abfliegen, und es sind auch die vielen Sprachen, die ein Flair von großer weiter Welt und Internationalität erzeugen. Und es ist vor allem **die englische Sprache,** die die Fliegerei und damit auch jeden Flughafen prägt. Ob man von der departure oder der arrival hall, dem exit, dem gate oder der security-control spricht, Englisch gehört zum Luftverkehr und ist von einem Flughafen nicht mehr wegzudenken (siehe auch das Flieger-«Latein« ab S. 93).

Riesige Menschenströme werden in »Latein« durch Anzeigetafeln und Hinweisschilder geleitet. Und doch ist in dem scheinbaren Gewirr von Informationstafeln, Rolltreppen und endlosen Gängen ein **Ordnungssystem** erkennbar. Die meisten großen Flughäfen sind gegliedert, z.B. in einen Ankunfts- und einen Abflugbereich, und diese selbst wieder in Unterbereiche, wie Inlandsankunft (domestic arrivals), Auslandsankunft (international arrivals) oder Auslandsabflug (international departures) und Abflug Inland (domestic departures). Ganz große Flughäfen, wie der Frankfurter Rhein-Main-Flughafen; die täglich bis zu 1000 An- und Abflüge bewältigen, haben sogar diese Teilbereiche noch einmal nach Linie, Charter und verschiedenen Fluggesellschaften unterteilt. Alles dient dazu, den Verkehr zu entzerren und damit letztendlich, so paradox es klingt, übersichtlicher zu machen.

Die Unterteilung der Flughafengebäude in verschiedene Bereiche entzerrt den Strom der Reisenden.

▼ Den Verkehr am Flughafen übersichtlich machen – Plan des Frankfurter Flughafens.

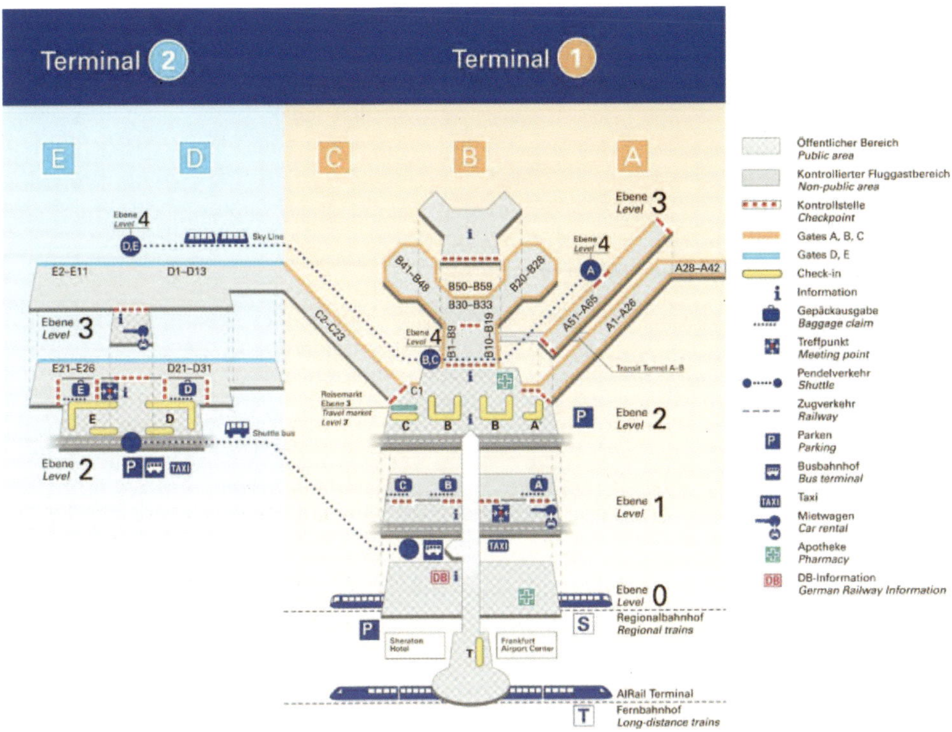

© Fraport AG Frankfurt Airport Services Worldwide 09/01

Am Flughafen und in der Luft

Betritt man einen Flughafen, so fallen einem zuerst die vielen Abfertigungsschalter auf (Check-in). Jede Fluggesellschaft hat mehrere dieser Schalter. Hier wird das Gepäck angenommen, die Bordkarte mit dem Sitzplatz ausgestellt und der Fluggast über Einsteigezeit und Einsteigeort (Gate) informiert. Das Schalterpersonal hilft ihm auch, sich rasch und problemlos auf dem Flughafen zurechtzufinden.

Die sorgfältig durchgeführten Sicherheitsmaßnahmen werden oft als lästig empfunden, sind aber leider notwendig.

Auf dem Weg zum Flugsteig muss der Passagier eine **Sicherheitskontrolle** passieren, die verhindert, dass irgendwelche gefährlichen Gegenstände in die Flugzeuge mitgenommen werden. In einer Durchgangskabine wird jeder Passagier vom Sicherheitspersonal mit einem Metalldetektor untersucht, der leicht über die Kleidung geführt wird. Er piepst bei jedem metallenen Gegenstand. In diesem Fall fordert das Sicherheitspersonal den Fluggast auf, seine Taschen zu leeren – auch wenn es sich nur um eine Geldmünze, den Kugelschreiber oder den Schlüsselbund handelt. Gleichzeitig läuft das Handgepäck auf einem Förderband durch eine Tunnelröhre, in der es durchleuchtet wird. Auf dem Monitorbild dieser Röntgenapparate ist der Inhalt des Gepäckstückes sichtbar, sodass z. B. versteckte Waffen oder andere nicht erlaubte Gegenstände entdeckt werden können. Viele Passagiere empfinden diese mit großer Sorgfalt durchgeführten Kontrollen als lästig und zeitraubend. Bedenken Sie jedoch, dass diese Maßnahmen Ihrer Sicherheit dienen.

▲ Das Frankfurter Flughafengelände mit dem alles überragenden Kontrollturm.

Spätestens zur festgesetzten Einsteigezeit muss sich der Fluggast an dem für seinen Flug bestimmten Gate einfinden. Hier am Flugsteig hat man oft die erste Möglichkeit, einen Blick auf das **Vorfeld** zu werfen. Das ist der Bereich, wo die Flugzeuge abgefertigt, d. h. für den Flug vorbereitet werden. Durch die großen Fenster des Flugsteigs kann man den Flughafen gut überblicken: Man sieht die Glasfassaden der Abfertigungsgebäude (Terminals), die riesigen Werfthallen, Bürogebäude, Frachtanlagen und den alles überragenden Kontrollturm, auch Tower genannt. Dazwischen große Betonflächen, die Rollwege für die Flugzeuge; und mit etwas Glück sieht man in einiger Entfernung sogar die Start- und Landebahn.

▼ Mit Spezialfahrzeugen werden Fracht und Gepäck in die Laderäume gebracht.

Oft werden die Maschinen dicht vor dem Wartebereich geparkt. Sie sind dann direkt über einen so genannten »Finger« erreichbar. Eine gute Gelegenheit, sich so ein Verkehrsflugzeug einmal aus nächster Nähe anzusehen. Auffallend ist ein meist voluminöser Rumpf, ein hoch aufragendes Leitwerk, schlanke Tragflächen und mindestens zwei, manchmal auch drei oder gar vier dicke runde Triebwerke.

Um das Flugzeug herum herrscht betriebsame Geschäftigkeit. Ladepersonal bugsiert mit Spezialfahrzeugen große Container mit Fracht und Gepäck in die **Laderäume** unter der Passagierkabine, ein Tankfahrzeug pumpt aus unterirdischen Rohrleitungen Treibstoff in die Tanks, die sich in den Tragflächen und im Rumpf befinden; an die hundert Tonnen bei einer großen Langstreckenmaschine.

Ein so komplexes Gerät, wie es ein Flugzeug darstellt, muss natürlich sorgfältig gewartet werden. Die Hersteller haben dazu genaue Vorschriften erlassen und die Zeitintervalle und die Art der **Wartung** präzise vorgeschrieben. Außerdem überwachen die zuständigen Behörden die Einhaltung dieser Anweisungen und stellen deren korrekte Durchführung in Zusammenarbeit mit den Wartungsinge-

Die Flugzeughersteller schreiben den Fluglinien vor, in welchen Abständen und in welchem Umfang die Wartung erfolgen muss. Die nationalen Luftfahrtbehörden überwachen die Einhaltung dieser Vorschriften.

nieuren sicher. So erledigen die Techniker jetzt die vor jedem Flug vorgeschriebenen Inspektionen, und auch der Kapitän vergewissert sich vor jedem Abflug vom einwandfreien technischen Zustand seiner Maschine. Ein großes Hubfahrzeug lädt durch eine Kabinentür Bordverpflegung und Kabinenausrüstung ein, und ein Wasserwagen befüllt die Trinkwassertanks. Erst wenn all diese Arbeiten abgeschlossen sind, werden die Passagiere zum Einsteigen gebeten.

▲ Vor jedem Flug müssen bestimmte Inspektionen und Wartungsarbeiten ausgeführt werden.

Auch die **Flugzeugbesatzung** hat bis dahin schon einige Vorarbeiten geleistet. Lange vor dem eigentlichen Flugbeginn trifft sie sich bereits zu einem so genannten »Briefing«. Es dient nicht nur dem gegenseitigen Kennenlernen der einzelnen Besatzungsmitglieder, sondern auch der Vorbereitung auf den bevorstehenden Flug aus sicherheitsrelevanter Sicht. Beim so genannten »Dispatch« informiert sich die Cockpitbesatzung über die geplante Flugroute, das zu erwartende Wetter, den technischen Zustand des Flugzeugs und legt nach einer eingehenden Flugdienstberatung den Treibstoffbedarf fest.

Aus Sicherheitsgründen führen die Flugzeuge erheblich mehr Treibstoff mit, als eigentlich notwendig wäre.

Wieviel **Treibstoff** (Kerosin) für einen Flug mindestens an Bord sein muss, ist durch Vorschriften geregelt. Es wird nicht nur der Treibstoff für die eigentlich geplante Flugstrecke gefordert, sondern auch für den Rollvorgang, für den Flug vom Zielflughafen zu einem geeigneten Ausweichflughafen, eine ausreichende Menge für Warteschleifen und ein bestimmter Prozentsatz für eventuelle Ungenauigkeiten bei der Berechnung. Jeder Flug startet also mit erheblich mehr Treibstoff, als eigentlich notwendig ist.

An Bord angekommen, haben die **Flugbegleiter** nun vielfältige Aufgaben. Da sie nicht nur für den Service, sondern in erster Linie für die Sicherheit an Bord zuständig sind, überprüfen sie die vorgeschriebene Bordausrüstung auf Vollständigkeit. Dazu gehören z. B. Schwimmwesten, Sauerstoffanlage, Sicherheitsinstruktionen, Beleuchtung und Kommunikationssysteme. Sie stellen sicher, dass alles ordnungsgemäß funktioniert.

▲ Ein großes Hubfahrzeug lädt durch eine Kabinentür die Bordverpflegung ein.

Währenddessen bereiten sich die **Piloten** im Cockpit auf den Flug vor. Sie überprüfen nach genau vorgeschriebenen Verfahren die Funktion der technischen Systeme inklusive einer Außeninspektion, füttern die Navigationscomputer mit den erforderlichen Daten, koordinieren die notwendigen Arbeiten mit den Abfertigungsagenten und halten Kontakt zu den Fluglotsen im Kontrollturm, um einen pünktlichen Abflug zu gewährleisten.

Sobald die Türen geschlossen sind, ist alles bereit, die Triebwerke anzulassen. Hat der Kontrollturm die Genehmigung zum **Anlassen der Triebwerke** erteilt, schaltet der Kapitän als äußeres Warnzeichen für die Bordmannschaft ein rotes Blinklicht ein, das oben und unten am Rumpf das Anlaufen der Triebwerke signalisiert. Am Flugzeug befindet sich jetzt nur noch ein Bodenmechaniker, der über eine Sprechverbindung mit dem Cockpit verbunden ist und von außen den Anlassvorgang und das Abrollen des Flugzeuges beobachtet. Eine bordeigene Hilfsturbine, die bei abgeschalteten Triebwerken das Flugzeug mit Strom und Luft versorgt, liefert jetzt die notwendige Druckluft, um die Motoren einzeln anzulassen.

▲ Erst nach Abschluss der vorbereitenden Arbeiten werden die Passagiere zum Einsteigen gebeten. Oft erfolgt das Betreten des Flugzeugs durch einen so genannten »Finger«.

Ist der Anlassvorgang abgeschlossen, holen die Piloten vom Kontrollturm die **Rollbahnfreigabe** ein. Jetzt setzt

Am Flughafen und in der Luft

▲ Vom Kontrollturm, dem »Tower«, holen die Piloten die Rollbahnfreigabe ein.

sich das Flugzeug aus eigener Kraft in Richtung Startbahn in Bewegung. Während die Flugbegleiter nun die Passagiere mit den an Bord befindlichen Sicherheitsvorkehrungen vertraut machen, werden im Cockpit weitere routinemäßige Kontrollen vorgenommen.

Einer der wichtigen Punkte dabei ist der so genannte Flight Control Check, das ist eine **Überprüfung aller Steuerflächen** am Flugzeug. Auf einen entsprechenden Steuerungsbefehl aus dem Cockpit bewegen Hydraulikmotoren die riesigen Steuerflächen an den Tragflächen und am Leitwerk. Dabei ist ein leichtes Brummen zu hören.

Einige Motoren bewegen auch die **Start- und Landeklappen** an den Flügeln. Sie werden vor dem Start ausgefahren und erhöhen bei niedrigen Geschwindigkeiten den Auftrieb der Tragflächen. Die Tragflächen sind lange schlanke, elastische Bauteile, die auf ihrer Oberseite leicht gewölbt sind. Wozu diese Wölbung dient und wie sie den notwendigen Auftrieb an den Tragflügeln erzeugt, können wir uns an einem kleinen Modell erklären. Trifft die Luftströmung auf die Vorderkante der Tragfläche, so muss der Teil der Luft, der die Oberseite umströmt, einen größeren Weg zurücklegen als der Teil auf der Unterseite. Die schneller fließende Luft erzeugt auf der gewölbten Seite einen Unterdruck, also eine nach oben gerichtete Kraft, den Auftrieb. Zur Steuerung eines Flugzeuges werden Steuerflächen benutzt, die an den Tragflächen und am Leitwerk angebracht sind und dort die Strömungsverhältnisse verändern.

▲ Die Maschine hebt die Nase vom Boden, dann verlieren die Räder den Bodenkontakt: Das Flugzeug fliegt.

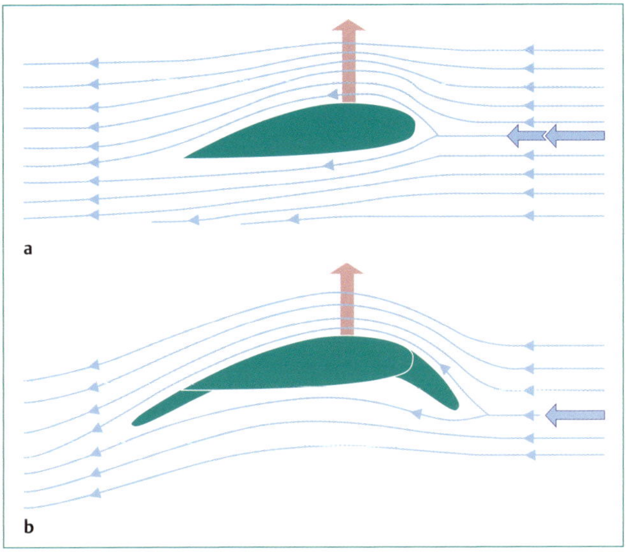

◀ Mithilfe von Landeklappen (b: in ausgefahrenem Zustand) lässt sich die Wölbung von schlanken, für höhere Geschwindigkeiten geeigneten Tragflächenprofilen vergrößern. So kann auch im niedrigeren Geschwindigkeitsbereich genügend Auftrieb erzeugt werden. Allerdings erhöht sich dadurch auch der Widerstand.

Endlich schwenkt die Maschine auf die **Startbahn** ein. Welche Startbahn die Piloten für den Start auswählen, und in welche Himmelsrichtung gestartet wird, hängt von mehreren Faktoren ab. Der optimale Fall, dass die Startbahn schon in Richtung auf den Zielflughafen weist, ist die Ausnahme. Viel entscheidender ist die Länge der Bahn, denn sie muss so lang sein, dass das Flugzeug auf ihr bis zu einer sicheren Abhebegeschwindigkeit beschleunigen kann, oder bei einer gravierenden Systemfehlfunktion von einer vorher festgelegten Geschwindigkeit wieder sicher abgebremst werden kann. Ein zweiter wichtiger Faktor ist die vorherrschende Windrichtung. Da der erzeugte Auftrieb von der Geschwindigkeit abhängt, mit der die Luft die Tragflächen umströmt, wird die erforderliche Geschwindigkeit bei einem Start gegen den Wind schneller erreicht als mit dem Wind und somit die erforderliche Startrollstrecke verkürzt.

Es hängt von verschiedenen Faktoren ab, von welcher Startbahn und in welcher Himmelsrichtung der Start erfolgt.

Ist das Flugzeug in Startbahnrichtung ausgerichtet, schiebt der Kapitän die Schubhebel nach vorne, die Triebwerkgeräusche werden lauter, und wenn die Motoren nach wenigen Sekunden ihren vollen **Startschub** erreicht haben, ist die Beschleunigung deutlich zu spüren. Die Maschine nimmt schnell Fahrt auf und hebt schon nach kurzer Zeit die Nase vom Boden. Kurz darauf verlieren die Räder den Bodenkontakt, das Flugzeug fliegt. Kurz nach dem Abheben kann man in der Flugzeugmitte ein rumpelndes Geräusch hören. Nach einigen Vibrationen wird es schnell wieder ruhiger. Die Piloten haben das Fahrwerk eingefahren, und große Klappen verschließen nun die Öffnungen des Fahrwerkschachtes aerodynamisch sauber. Weniger Widerstand bedeutet, dass auch weniger **Triebwerkschub** erforderlich ist, und so wird schon kurz nach dem Start die Triebwerkleistung etwas reduziert, in der Passagierkabine wird es noch etwas leiser. Ein mehrmotoriges Flugzeug hat während eines normalen Starts mehr Schub zur Verfügung, als es eigentlich braucht. Der Grund liegt darin, dass jeder Start so berechnet wird, als würde im kritischsten Moment, kurz vor dem Abheben, ein Triebwerk versagen.

Sicherheitshalber ist bei jedem normalen Start ein Schubüberschuss vorhanden.

Auch in diesem Fall muss immer gewährleistet sein, dass das Flugzeug alle Hindernisse im Abflugsektor sicher überfliegen kann. Ergibt die Berechnung vor dem Start, dass das nicht der Fall ist, muss u. U. das Startgewicht so weit reduziert werden, dass die Hindernisfreiheit auch nach einem **Triebwerkausfall** gewährleistet ist. Da Triebwerkausfälle auch aufgrund verbesserter Technik und ausgeklügelten Trendverfolgungsprogrammen inzwischen extrem selten geworden sind, ist also bei jedem normalen Start ein Schubüberschuss vorhanden. Das Flugzeug könnte demzufolge relativ steil in den Himmel steigen. Aus Gründen des Passagierkomforts begrenzen die Piloten den Steigwinkel jedoch auf etwa 20 Grad. Sobald die Maschine eine sichere Höhe erreicht hat, wird die Leistung der Triebwerke verringert. Der Geräuschpegel im Flugzeug und rund um den Flughafen wird so hörbar gesenkt. Der Steigwinkel wird jetzt etwas flacher, und mit zunehmen-

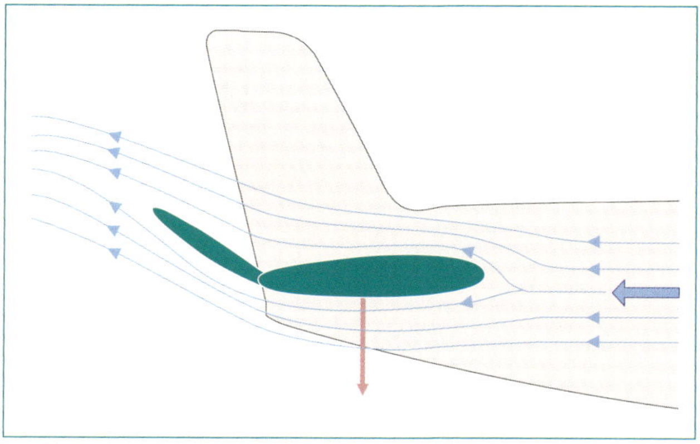

◀ So wird gesteuert: Steuerflächen am Leitwerk verändern die Strömungsverhältnisse.

der Geschwindigkeit können nun auch die zum Start ausgefahrenen Landeklappen wieder eingefahren werden. Das Flugzeug bietet der Luft jetzt erheblich weniger Widerstand und kann allmählich auf seine Reisegeschwindigkeit beschleunigen. Mithilfe der Navigationssysteme folgt die Maschine nun den vorgeschriebenen Abflugrouten und Luftstraßen.

▲ Eine Stewardess macht die Passagiere nach dem Start mit den Sicherheitsvorkehrungen vertraut.

Nach dem Start nimmt der **Außenluftdruck** mit zunehmender Höhe stark ab, der Innendruck in der Kabine wird nur ganz langsam wie bei der Fahrt mit einer Bergseilbahn verringert und während des Reisefluges auf einem angenehmen und gut verträglichen Niveau gehalten. Während z.B. in einer Flughöhe von 10000 m nur noch ein Viertel des normalen Luftdrucks herrscht, ist in der Passagierkabine der Luftdruck fast unmerklich auf ein Niveau abgesenkt worden, das einer Höhe von 2500 m entspricht.

Auf welche **Höhe** das Flugzeug steigt, hängt von der Länge der Flugstrecke und vom Startgewicht ab. Grundsätzlich gilt: je höher, desto weniger Widerstand, desto geringer

Am Flughafen und in der Luft

▲ Die optimale Flughöhe liegt um 10 000 m.

der Treibstoffverbrauch. Optimal sind Höhen um 10 000 m. Selbstredend macht es keinen Sinn, bei kürzeren Flugstrecken auf solche großen Höhen zu steigen.

Ist die Reiseflughöhe erreicht, und erwartet der Kapitän einen ruhigen Flug, schaltet er die Anschnallzeichen aus. Die Flugbegleiter können jetzt mit dem Service beginnen. Wer die Gelegenheit hatte, vor oder nach dem Flug einen Blick in das **Cockpit** zu werfen (als eine Folge der Ereignisse vom 11. September 2001 ist es inzwischen verboten, während des Fluges das Cockpit aufzusuchen, das aus Sicherheitsgründen verpanzert und verschlossen ist), wird von der Fülle der Anzeigeinstrumente, Schalter, Hebel, Lämpchen und Bildschirme beeindruckt sein. Doch der Vielfalt liegt ein ausgeklügeltes System zugrunde. Die Anordnung der wichtigsten Instrumente ist bei allen Flugzeugen gleich, meist nach technischen Gesichtspunkten. Die wichtigsten Systeme (z. B. Elektrik, Hydraulik, Pneumatik) sind an Bord eines Flugzeugs mehrfach vorhanden. Sie arbeiten normalerweise parallel. Sollte durch eine Störung eine Komponente ausfallen, wird deren Funktion sofort von den anderen Systemen übernommen.

Im Cockpit herrscht eine genau festgelegte Arbeitsteilung.

Aber nicht nur der technische Teil ist mehrfach abgesichert aufgebaut, in jedem Cockpit eines Verkehrsflugzeuges arbeiten mindestens **zwei Piloten,** wovon einer zum Kapitän bestimmt wurde. Beide sind für das entsprechende Muster (bestimmter Flugzeugtyp) voll ausgebildet und lizenziert. (Mehr über Ausbildung und Training der Piloten erfahren Sie ab S. 79.) Gearbeitet wird immer im Team. Je nach Flugzeugtyp und geflogener Strecke können sich noch weitere Piloten, Flugingenieure, Navigatoren o.a. an Bord befinden. Unter der Leitung des Kapitäns arbeiten die Cockpitmitglieder nach genau festgelegten Verfahren. Es herrscht Arbeitsteilung nach den Prinzipien von Führung und Resource-Management. Während einer der Piloten sich ausschließlich um die Führung des Flugzeuges kümmert, arbeitet der andere ihm zu, indem er die vorgeschriebenen schriftlichen Unterlagen erstellt, den Funksprechverkehr durchführt und die Arbeit des anderen kritisch überwacht.

▲ Schalter, Hebel, Lämpchen und Instrumente – ein ausgeklügeltes System.

Beide Piloten haben, bis sie verantwortlich ein Verkehrsflugzeug fliegen dürfen, eine lange Ausbildung hinter sich. Sie sind viele hundert oder tausend Stunden auf unterschiedlichen Maschinen geflogen, haben eine Reihe von Lizenzen erworben, und auch im Linienbetrieb endet die **Aus- und Weiterbildung** nicht. Eine von der Behörde erteilte Berechtigung zum Führen eines Flugzeuges gilt nur eine kurze Zeit und muss dann durch erneute Prüfungen immer wieder verlängert werden. Bestandteil der Lizenzverlängerung ist auch eine eingehende medizinische Untersuchung, sodass nicht nur einwandfreie fliegerische Kenntnisse, sondern auch ein tadelloser Gesundheitszustand immer wieder nachgewiesen werden muss. Ein sehr wichtiger Faktor, wenn man bedenkt, dass die Piloten ihre Leistung in allen Zeit- und Klimazonen zuverlässig erbringen müssen.

▲ Der Pilotenberuf wird sehr zu Recht bisweilen als eine »lebenslange Prüfung« charakterisiert.

So günstig große **Reiseflughöhen** für einen wirtschaftlichen Flugbetrieb sind, so extrem sind sie vom irdischen Standpunkt aus gesehen. Der Luftdruck beträgt nur noch etwa ein Viertel des Druckes an der Erdoberfläche, die Temperaturen liegen bei minus 50 Grad oder noch darunter, und es herrschen das ganze Jahr über zum Teil sehr hohe Windgeschwindigkeiten. Einhundert bis zweihundert Kilometer pro Stunde sind keine Seltenheit. Was auf den ersten Blick als Erschwernis scheinen mag, kann sich bei geschickter Ausnutzung als Vorteil erweisen. Starke

In großen Flughöhen beträgt der Luftdruck außerhalb des Flugzeugs nur noch ein Viertel des Druckes an der Erdoberfläche.

Am Flughafen und in der Luft

▲ Geografische Gegebenheiten wie Gebirge könnten unter Umständen Turbulenzen erzeugen, denen der Pilot durch eine Änderung der Flughöhe entgehen kann.

Das Schwingen der Tragflächen, das manche Passagiere beunruhigt, ist nicht gefährlich, sondern zur Verringerung von Turbulenzen in der Konstruktion beabsichtigt.

Luftbewegungen kann man nutzen, da sie die Geschwindigkeit eines Flugzeuges über Grund erhöhen und somit die Reisezeit verkürzen und den Treibstoffverbrauch verringern. Auch die »dünne« Luft ist von Vorteil, da sie dem Flugzeug geringeren Widerstand entgegensetzt und somit ebenfalls höhere Geschwindigkeiten bei geringerem Spritverbrauch ermöglicht.

Für die Menschen an Bord müssen allerdings Vorkehrungen getroffen werden, damit sie sich auch in diesen großen Höhen wohl fühlen können. Eine **Druck-Klimaanlage** sorgt dafür, dass wir an Bord fast die gleichen Bedingungen vorfinden, wie wir sie vom Boden gewohnt sind. Die Triebwerke liefern die Luft, die die Klimaanlage für uns angenehm aufbereitet.

Wenn das Flugzeug nun in einem günstigen Starkwindfeld mit etwa 800 bis 1000 Stundenkilometern seinem Ziel entgegenfliegt, so wird der Fluggast normalerweise davon wenig spüren. Kommt es jedoch wegen der hohen **Windgeschwindigkeit** zu Verwirbelungen an den Rändern dieser Windfelder, so wird die Maschine die Bewegungen der Luftteilchen zum Teil mitmachen, und der Passagier spürt diese Unruhe als Turbulenz. Jetzt kann man sehen, wie die elastischen Tragflächen in Schwingung geraten und sich besonders zu den Spitzen hin auf und ab bewegen. Diese notwendigen Biegungen sind von den Konstrukteuren gewollt und beim Bau des Flugzeuges berücksichtigt. Sie dienen zur Verringerung der **Turbulenz**, indem sie sozusagen als Stoßdämpfer wirken, und die auf die Maschine treffenden Kräfte aufnehmen. Es gibt auch noch andere Ursachen für einen unruhigen Flug: Wolken und Gewitter können mit ihren örtlich begrenzten vertikalen Luftströmungen für eine Störung der Luftbewegung sorgen. Der in den Wolken vorhandene Wasserdampf kann mit einem an Bord befindlichen Wetterradar erkannt werden. Die Piloten sind also in der Lage, solchen Zonen, falls notwendig, rechtzeitig auszuweichen. Ebenso können unter Umstän-

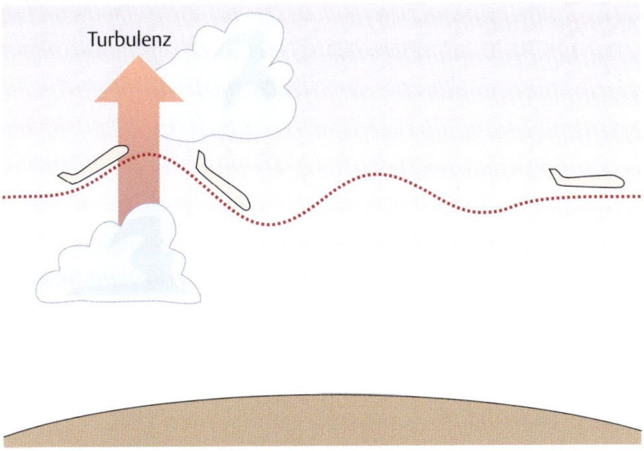

◀ Bringt eine Turbulenz das Flugzeug aus seiner Normallage, kann es auch ohne Zutun des Piloten wieder in seine Ausgangslage zurückkehren.

den geografische Gegebenheiten wie Gebirge Turbulenzen erzeugen, wenn kräftige Luftströmungen über sie hinwegstreichen. Oft schafft hier eine Veränderung der Flughöhe Abhilfe.

Wird ein Flugzeug z. B. durch Turbulenz aus seiner Normallage ausgelenkt, so würde es auch ohne korrigierende Eingriffe des Piloten nach einiger Zeit wieder in seine Ausgangslage zurückkehren. Diese Eigenstabilität ist gewollt und konstruktionsbedingt.

Die geflogene Strecke ist in den seltensten Fällen die kürzeste Verbindung zwischen Abflugort und Zielflughafen. Die Flüge dürfen nur auf festgelegten, kontrollierten Luftstraßen abgewickelt werden, sie müssen zwischen allen beteiligten Flugsicherungsstellen koordiniert und vor allem auf Langstrecken an die aktuellen Wetter- und Windverhältnisse angepasst sein.

Flüge dürfen nur auf festgelegten, kontrollierten Flugstraßen erfolgen.

Rechtzeitig vor dem Zielflughafen beginnen die Piloten mit dem **Sinkflug.** Wegen seines hohen Gewichtes, der Geschwindigkeit und der großen Flughöhe hat das Flugzeug eine hohe kinetische Energie, die auch eine große Verkehrsmaschine in ein Segelflugzeug verwandelt. Es ist also keineswegs so, dass ein Flugzeug ohne Antrieb wie ein Stein vom Himmel fällt, sondern es legt noch eine große Strecke sozusagen im Gleitflug zurück.

Wenn das Flugzeug seine Reiseflughöhe verlässt und die Piloten mit dem **Anflug** (Ansteuern des Flughafens) beginnen, drosseln sie den Schub der Triebwerke. In der Kabine wird es merklich leiser und die Flugzeugnase senkt sich behutsam nach unten. Mit einem Gleitwinkel von etwa 1 : 20 nähert sich die Maschine nun allmählich dem Erdboden. Genau wie der Steigflug wird auch der Anflug von Phasen des horizontalen Fluges unterbrochen, da auch hier wieder auf den anderen Luftverkehr Rücksicht genommen werden muss, und die Piloten den Anweisungen der Fluglotsen folgend einen sicheren Abstand zu den anderen Flugzeugen einhalten müssen. Das kann sogar dazu führen, dass der Anflug verzögert oder unterbrochen werden muss, da zu viele Maschinen zur gleichen Zeit anfliegen wollen. Da ein Flugzeug nicht einfach in der Luft stehen bleiben kann, bleibt den Piloten nichts anderes übrig, als in eine so genannte **Warteschleife** einzufliegen und dort auf die Anflugfreigabe der Fluglotsen zu warten. Sehr oft kann man beobachten, dass mehrere Flugzeuge höhengestaffelt in der gleichen Warteschleife ihre Kreise ziehen.

▲ Oft müssen mehrere Flugzeuge höhengestaffelt in der gleichen Warteschleife ihre Kreise ziehen.

Mit Annäherung an den Flughafen muss die Fluggeschwindigkeit allmählich reduziert werden. Um den notwendigen Auftrieb an den Tragflächen sicherzustellen, werden nun schrittweise die Landeklappen wieder ausgefahren. Haben die Piloten das Flugzeug auf dem Endanflug stabilisiert, fahren sie das Fahrwerk aus und setzen die Landeklappen in die Endstellung. Der dadurch erhöhte Widerstand muss mit zusätzlichem Triebwerkschub ausgeglichen werden.

Wie auf einer Perlenschnur aufgereiht, fliegen die Maschinen – vom Instrumentenlandesystem geführt – auf die Landebahn zu. In genau definierten Abständen setzen die Flugzeuge eines nach dem anderen auf der Betonpiste auf. Wird der Mindestabstand zwischen zwei Flugzeugen unterschritten oder verlässt ein Flugzeug nach der Landung nicht zügig genug die Bahn, kann es vorkommen, dass das nachfolgende Flugzeug den Anflug abbrechen und durchstarten muss. Dies ist ein ganz normales Verfahren und braucht deshalb den Passagier nicht zu beunruhigen.

Bei der Landung werden die Maschinen vom Instrumentenlandesystem geführt.

Hat das Flugzeug auf der Landebahn aufgesetzt, fahren so genannte Störklappen oder Spoiler aus der Tragflächenoberseite, um den Auftrieb der Tragflächen zu vernichten und das gesamte Gewicht des Flugzeuges auf die Räder zu verlagern. Nur so ist eine optimale Bremswirkung zu erreichen. Auch die Triebwerke, die bisher nur Vorwärtsschub erzeugt haben, werden nun zum **Abbremsen** herangezogen. Der Schubstrahl wird jetzt durch Klappen hinter dem Triebwerk nach vorne umgelenkt und erzeugt eine zusätzliche Bremswirkung (Umkehrschub).

▲ Von einem Einweiser dirigiert, rollt das Flugzeug zur angewiesenen Parkposition.

Ist die Geschwindigkeit genügend verringert, verlässt das Flugzeug die **Landebahn** über einen Abrollweg und rollt zur angewiesenen Parkposition. Nach Stillstand der Maschine werden die Turbinen abgestellt, die Anschnallzeichen erlöschen, und die Passagiere können über einen Finger oder über fahrbare Treppen das Flugzeug wieder verlassen.

Am Flughafen und in der Luft

Mehr Sicherheit nach drei Katastrophen

Schwerwiegende Ereignisse in den letzten fünf Jahren, haben das Thema Flugangst neu besetzt. Nicht mehr irrationale Ängste stehen im Vordergrund, sondern drei Katastrophen haben das Vertrauen in die Fliegerei nachhaltig erschüttert. Diese Tendenz zeichnet sich auch bei den Teilnehmern von Flugangstseminaren ab. Der Absturz der Concorde, der 11. September 2001 und der Zusammenstoß zweier Flugzeuge über dem Bodensee. Zu diesen Punkten nimmt der erfahrene Flugkapitän Holger Feldberg Stellung:

Welche Auswirkung haben die Ereignisse vom 11. September 2001 in New York auf die zukünftige Flugsicherheit der Passagiere?

So traurig es klingt: Der 11. September hat die Flugsicherheit erhöht. Viele bis dahin noch nicht bekannte Schwachstellen wurden durch diesen Anschlag erkannt und beseitigt. Das fängt bereits im Flugzeug selbst an: Sämtliche Passierflugzeuge haben eine schusssichere, einbruchsichere Cockpittür mit Videoüberwachung. Alle Piloten sind darauf geschult, im Falle von Versuchen unberechtigter Cockpitzutritte niemals – ich wiederhole ausdrücklich – niemals die Cockpittür zu öffnen. Diese scheinbare Rücksichtslosigkeit gegenüber Passagieren und Besatzung führt in ihrer Konsequenz dazu, dass potenzielle Attentäter diesen Weg, ein Flugzeug zu übernehmen, von vornherein ausschließen können und somit Versuche ähnlicher Art wie beim 11. September 2001 unterlassen werden. Des Weiteren wird inzwischen jedes Gepäckstück, das an Bord einer Passagiermaschine befördert wird, geröntgt. Mit den inzwischen in Kraft getretenen Sicherheitsregeln werden alle Personen, die den Sicherheitsbereich eines Flughafens bzw. ein Flugzeug betreten, auf

Waffen genau untersucht. Dies betrifft auch die Besatzung der Flugzeuge.

Wie konnte es zum Zusammenstoß zweier Flugzeuge über dem Bodensee kommen und welche Konsequenzen wurden aus diesem Unglück gezogen?

Alle Verkehrsflugzeuge in der westlichen Hemisphäre sind mit so genannten Kollisionswarngeräten (TCAS) ausgerüstet. Dieses System funktioniert als letzte Auffanglinie zur Vermeidung von Zusammenstößen. Sobald das TCAS anschlägt, muss der Pilot den Ausweichinstruktionen dieses Systems folgen. Diese Ausweichinstruktionen haben absoluten Vorrang gegenüber anders lautenden Instruktionen der Flugsicherheit. In dem angesprochenen Fall folgte der Pilot der Tupolew nach anfänglichem Zögern nicht den Anweisungen des TCAS, sondern denen des Fluglotsen. Man muss dazu sagen, dass dieses TCAS das letzte Teil in einer langen Kette von Maßnahmen zur Vermeidung von Kollisionen ist und erst dann anspricht, wenn alle zuvor versagt haben. Der Umgang mit diesem System wird von allen Piloten regelmäßig geübt. Seit diesem Ereignis wurde weltweit noch einmal die oberste Priorität vom TCAS-Systemen deutlich gemacht.

Wie konnte die Concorde durch ein Metallstück zerstört werden?

Im Gegensatz zur Titanic, die bereits auf der Jungfernfahrt von ihrem Schicksal ereilt wurde, ist die Concorde über 25 Jahre ohne größere Zwischenfälle im Einsatz gewesen. Auch wenn bei der Konstruktion eines Flugzeuges alle Eventualitäten berücksichtigt werden, können Vorfälle passieren, die vorher nicht bedacht wurden. Als unmittelbare Folge dieses Unglückes wurden sämtliche Flüge mit der Concorde eingestellt. Nach einer genauen Untersuchung der Unfallursache wurden alle Concorde-Flugzeuge höchst aufwändig modifiziert, sodass sich dieser Vorfall nicht hätte wiederholen können. Da die Concorde durch die technischen Modifikationen schwerer wurde und gleichzeitig die Kerosinpreise stiegen, wurde der Betrieb so unwirtschaftlich, dass er schlussendlich 2004 eingestellt wurde.

Auch wenn in der Luftfahrt die Sicherheit oberste Priorität hat, kann es keine hundertprozentige Garantie für Unfallfreiheit geben. Jede erkannte Schwachstelle führt zu technischen Modifikationen oder Verfahrensänderungen. Man kann abschließend ruhigen Gewissens sagen, dass das Fliegen nie so sicher war wie heute. Gleichbleibende, bzw. sinkende Unfallzahlen in einem stark wachsenden Luftverkehr belegen dies.

(Holger Feldberg, 42 Jahre, ist Flugkapitän, zurzeit auf Airbus 320. Darüber hinaus ist er Ausbilder sowie Sachverständiger des Luftfahrt-Bundesamtes zur Überprüfung anderer Piloten.)

Die Ausbildung der Piloten

Entspannt fliegen heißt auch, sich den Piloten und der Technik anvertrauen zu können. Dabei sollen Ihnen die folgenden Informationen über den beruflichen Werdegang der Piloten und in den darauffolgenden Kapiteln über die Flugzeugwartung und Flugsicherung helfen. Es geht also nicht um blindes Vertrauen.

Nur etwa jeder zehnte Bewerber besteht in Deutschland die strenge Eignungsprüfung für den Werdegang eines Piloten.

In Deutschland bildet die Lufthansa-Verkehrsfliegerschule Piloten unter Aufsicht des Luftfahrt-Bundesamtes aus. Zunächst einmal müssen sich alle Bewerber einer Eignungsprüfung in Hamburg unterziehen. Dabei wird eine Reihe von Kenntnissen und Fertigkeiten getestet, insbesondere die Reaktionsfähigkeit bei Mehrfachbelastung unter Zeitdruck. Nur etwa jeder zehnte Bewerber besteht diese Eignungsprüfung. Für ihn ist nun der Weg zur zweijährigen Pilotenausbildung in Bremen und in Phoenix/Arizona frei.

▲ Piloten-Schulflugzeuge in Phoenix/Arizona.

Schwerpunkte der theoretischen Ausbildung sind unter anderem Fluglehre, Flugzeug- und Triebwerkkunde und Navigation. Natürlich muss sich der Flugschüler während dieses ersten Ausbildungsabschnitts auch mit einer Reihe anderer Fächer wie etwa der Meteorologie auseinandersetzen, bevor er schließlich die theoretischen Prüfungen für den Privatpilotenschein (PPL = Private Pilot Licence) und das Funksprechzeugnis ablegt. Erste praktische Flugerfahrungen sammelt der angehende Lufthansapilot mit der einmotorigen Beechcraft Bonanza in Phoenix/Arizona. Unter günstigen Wetterbedingungen, die in Arizona nahezu das ganze Jahr über herrschen, bekommen die Flugschüler die notwendige fliegerische Praxis, um schließlich die Prüfung zur PPL abzulegen. Danach geht es wieder auf die Schulbank nach Bremen. Es folgen theoretische Ausbildung und Prüfung für den Berufs-Flugzeugführerschein und die Instrumentenflugberechtigung. Der dazugehörige praktische Teil umfasst neben dem Fliegen einer zweimotorigen Maschine auch den Instrumentenflug.

Zurück in Bremen, gewöhnen sich die Nachwuchspiloten mit der Beechcraft Kingair an die Wetterbedingungen und Verhältnisse im verkehrsreichen Luftraum Bundesrepublik. Damit kommt der Schüler seinem Ziel näher, einen modernen Jet zu fliegen, weil das Cockpit dieses zweimotorigen Flugzeugs an das der Boeing 737 erinnert. Schließlich erhält er den Berufs-Flugzeugführerschein (Commercial Pilot Licence = CPL).

▲ Schulflugzeug Piper Cheyenne.

Am Flughafen und in der Luft

Mindestens 3000 Flugstunden als Copilot müssen absolviert sein, bevor eine Lizenz als Flugkapitän erworben werden kann.

Nach Simulatorstunden in Frankfurt, einer Einweisung in die Besonderheiten von Jetflugzeugen sowie dem Flugtraining ohne Passagiere erwirbt der Nachwuchspilot bei der Lufthansa die Musterberechtigung für die Boeing 737 oder für den Airbus A-320. Dann nimmt er erstmals im Cockpit rechts neben dem Flugkapitän Platz. Nach etwa 100 Flugstunden unter der Aufsicht erfahrener Kollegen wird er als »Erster Offizier« fortan als Copilot eingesetzt. Mindestens weitere 3000 Stunden Erfahrung sind erforderlich, bevor der Copilot an die Lizenz als Flugkapitän denken kann.

Pilotentraining ist bei der Lufthansa ein nie endender Prozess. Jeder Pilot, gleichgültig wie viele Dienstjahre er schon hinter sich hat, muss seine Qualifikation zweimal jährlich unter Beweis stellen. In jeweils vierstündigen Simulatorchecks werden fliegerisches Können, Leistungsfähigkeit und Reaktionsvermögen getestet. Im Simulator, einer identischen Nachbildung des Cockpit des jeweiligen Flugzeugmusters, wird vor allem die Richtigkeit der Entscheidungen in allen denkbaren Ausnahmesituationen überprüft. Nur wer diese Prüfung besteht und zusätzlich vom Arzt seine Flugtauglichkeit bescheinigt bekommt, behält für ein weiteres halbes Jahr seine Lizenz.

Fluglinien investieren sehr viel in die Weiterbildung und das Training ihrer Piloten, um ein Höchstmaß an Sicherheit zu gewährleisten. Überlegen Sie, in welchem anderen Beruf ein derartig engmaschiges Netz von Prüfungen existiert. Sollte diese Tatsache nicht auch Sie dazu bewegen, sich fortan den Piloten anzuvertrauen?

Technik, Wartung und Überholung von Verkehrsflugzeugen

Viele Passagiere empfinden gegenüber der Technologie moderner Verkehrsflugzeuge großes Misstrauen. Allein der Gedanke an mögliche technische Fehler löst bei ihnen Unbehagen und Angst aus. Bei vielen Passagieren spielt dabei die Unwissenheit über den Umfang von Instandhaltungsarbeiten und Wartungsabläufen sowie deren Überwachung eine Rolle. Die folgenden Informationen sollen dazu führen, dass Sie künftig dieses Wissen bei Bedarf abrufen, anstatt ihrer negativen Phantasie freien Lauf zu lassen.

▲ Wieder startklar – ein Flugzeug verlässt die Werkhalle des Hamburger Flughafens.

Die Flugzeughersteller schreiben den Fluglinien vor, in welchen zeitlichen Abständen und in welchem Umfang die Wartung erfolgen muss. Die nationalen Luftfahrtbehörden wachen darüber, dass diese Vorgaben exakt eingehalten werden. In Deutschland ist dafür das Luftfahrtbundesamt zuständig. Die Standards der Lufthansa gehen weit über die gesetzlichen Bestimmungen hinaus.

So sind 12000 Techniker ständig dem Ziel verpflichtet, mögliche Fehler zu erkennen und zu beheben, bevor sie sich im Flugbetrieb auswirken können. Für Wartungs- und Überholungsarbeiten stehen in Frankfurt, Hamburg, Berlin und München große Technikzentren bereit. Die Triebwerk-Werkstatt in Hamburg ist die größte und modernste außerhalb der USA. Die Lufthansa überholt hier nicht nur ihre eigenen Triebwerke, sondern auch die vieler anderer Kunden wie Swissair, Air France und Qantas. Heute ist es dank moderner Technik möglich, die Daten der Triebwerke ständig aufzuzeichnen. So werden Anzeichen eines Defekts schon frühzeitig erkannt, und das Triebwerk wird

Am Flughafen und in der Luft

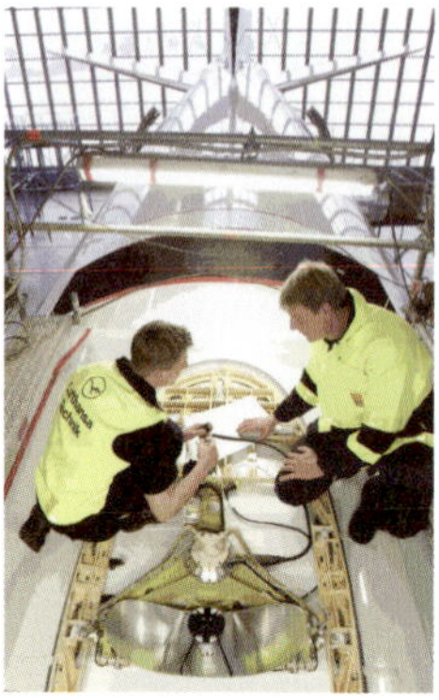

▲ Sicherheit und Komfort – eine Antenne für das Breitband-Internet wird bei einem Airbus A340–300 montiert.

Kurzstreckenflugzeuge müssen eher in die Werft als Langstreckenflugzeuge.

während der normalen Wartungsarbeiten vorsorglich ausgetauscht. Aber auch bei allen anderen Wartungsarbeiten werden modernste Verfahren der Material- und Werkstoffprüfung eingesetzt. So kontrollieren die Techniker die verschiedenen Materialien mit präzisen Elektronenmikroskopen. Kritische Stellen in der Flugzeugstruktur werden mit Röntgenstrahlen untersucht.

Der tägliche Einsatz der Flugzeuge bleibt nicht ohne Spuren. Ihnen begegnet die Technik mit einem abgestuften System von Wartungsarbeiten und Überholungen. Dabei müssen Kurzstreckenflugzeuge eher in die Werft als Langstreckenflugzeuge. Die hier abgedruckte Checkliste zeigt, wie die Lufthansa ihre Flotte wartet, prüft und pflegt. Wie für jede Inspektion am Auto ist auch für jeden Check am Flugzeug ein bestimmter Arbeitsumfang festgelegt. Eine komplette Überholung des Flugzeuges mit all seinen Systemen ist der »D-Check«. Für ihn werden bis zu 50 000 Arbeitsstunden und Kosten von etwa vier Millionen Mark veranschlagt. Da zu Überholungen häufig auch die technische Nachrüstung gehört, ist das Flugzeug danach nicht nur so gut wie neu, sondern sogar noch ein bisschen besser. Zur Kontrolle aller durchgeführten Arbeiten gibt es spezielle Techniker, die gegenüber dem Luftfahrtbundesamt fachlich verantwortlich sind. Die besonders wichtigen Wartungsarbeiten werden sogar von zwei Prüfern überwacht und abgenommen.

Das Flugzeug ist unumstritten das sicherste Verkehrsmittel, obwohl seine Technologie komplexer geworden ist. Dieses Höchstmaß an Sicherheit wird entscheidend von Menschen gewährleistet. Von den Piloten im Cockpit, von den Technikern der Flugzeugwartung und von den Lotsen der Flugsicherung.

Wie die Lufthansa ihren Maschinenpark wartet, prüft und pflegt

Ereignis	Arbeiten	Intervall	Bodenzeit*	Arbeitszeit (Std.)
Pre-Flight-Check	Betankung, Außenüberprüfung zur Feststellung von offensichtlichen Schäden.	vor jedem Flug	30–60 Minuten	1
Ramp-Check	Prüfung von Reifendruck, Bremsabnutzung, Feuerlöschern und Sauerstoff-System, Cockpit-Checks.	täglich	2,5–5 Stunden	4–35
Service-Check	Arbeiten auf Übernachtungs- und/oder Umkehrstationen. Ramp-Check und Servicearbeiten (Öl-, Wasser- und Luftauffüllen), Kabinensäuberung.	wöchentlich	2,5–5 Stunden	7–55
A-Check	Kontrollen am Flugzeug außen und innen (inklusive Service-Check).			
Triebwerks- und Funktionskontrollen.	circa 350–650 Flugstunden		5–10 Stunden	25–145
B-Check	A-Check und eingehende Kontrollen außen und innen, vermehrte Struktur- und Funktionskontrollen.	circa 5 Monate	9–28 Stunden	110–700
C-Check	B-Check und gründliche Kontrollen außen und innen, intensive Struktur- und Funktionskontrollen.	15–18 Monate	40–48 Stunden	550–1350
IL-Check	Spezielle Kontrollen der Struktur, Kabinenauffrischung. Farbausbesserung, Überholung von Systemen, Einbau von Neuerungen.	5–6 Jahre	circa 2 Wochen	bis zu 20 000

Am Flughafen und in der Luft

Wie die Lufthansa ihren Maschinenpark wartet, prüft und pflegt

Ereignis	Arbeiten	Intervall	Bodenzeit*	Arbeitszeit (Std.)
D-Check	Detailkontrolle und Überholung von Zelle, Kabine und Systemen. Wechsel von Großbauteilen, Erneuerung des Außenanstrichs, Überholung der Kabine. Einbau von Neuerungen.	5–10 Jahre	circa 4 Wochen	bis zu 50 000

* Pro Ereignis

Quelle: Lufthansa Technik AG

Die Flugsicherung

Auf Mittel- und Langstreckenflügen durchqueren die Flugzeuge die Zuständigkeitsbereiche mehrerer Flugsicherungsstellen.

Der Flugverkehrskontrolldienst (in Deutschland : DFS = Deutsche Flugsicherung GmbH) hat die Aufgabe, Zusammenstöße von Luftfahrzeugen in der Luft und am Boden zu verhindern und den Luftverkehr so flüssig wie möglich abzuwickeln. Höchste Konzentration erfordert die Arbeit der Fluglotsen am Radarschirm, dem wichtigsten Hilfsmittel zur Überwachung der Verkehrssituation. Die Lotsen stehen in ständigem Kontakt mit den Piloten. Sie kontrollieren jede Flugphase und sind über alle Bewegungen auf dem Rollfeld des Flughafens informiert. Erst wenn sie die Freigabe erteilen, lassen die Piloten die Triebwerke an und warten auf die Genehmigung zum Anrollen. Auf dem Weg zur Startposition gibt der Lotse sein Okay für den vor dem Flug eingereichten Streckenverlauf. Nach dem Start meldet sich der Pilot erneut bei der Flugsicherung, die das Flugzeug bis zum Erreichen von 25 000 Fuß (8300 m) begleitet. Jetzt übergibt der Lotse die Überwachung an seinen Kollegen des nächsten Kontrollbereichs. Auf einem Mittel- oder Langstreckenflug durchquert das Flugzeug die Zuständigkeitsbereiche mehrerer Flugsicherungsstellen. Bei der Benutzung der Luftstraßen müssen zwei parallel fliegende Flugzeuge einen Mindestabstand von 15 bis 18 Kilometer einhalten. Zur Sicherung gehört auch die Einhaltung eines Höhenabstands von 1000 Fuß (330 m) bis zu einer Höhe von 9600 Metern und ab dieser Höhe sogar mindestens 2000 Fuß (660 m). Der vorgeschriebene Sicherheitsabstand wird mit Radar überwacht.

In Deutschland werden alle Flugbewegungen von der Flugsicherung koordiniert und überwacht. Der Luftraum ist voll, aber nicht überfüllt. Um eine Überfüllung zu vermeiden, lassen die Lotsen notfalls Starts nicht zu. Auch wenn Verspätungen unangenehm sind, so tun die Lotsen dies zu Ihrer Sicherheit. Die Flugsicherung gewährleistet, dass weltweit täglich Tausende von Flugzeugen sicher starten und landen und Millionen von Menschen an ihr Ziel bringen.

Lufthansa

Fliegen und Gesundheit

Fliegen und Gesundheit

Im Jahre 2003 wurden nach Angaben des Statistischen Bundesamtes allein in Deutschland über 73 Millionen Menschen mit dem Flugzeug befördert. Unter den Passagieren befinden sich nicht nur Gesunde; auch Kranke nutzen manchmal diese Art des Reisens. Kranken Menschen, die mit dem schnellen und sicheren Verkehrsmittel lange Strecken fliegen wollen, ist zu empfehlen, *vor* der Flugreise ihren Arzt zu konsultieren. Darüber hinaus bieten einige Fluggesellschaften wie die Lufthansa flugmedizinische Beratung an. Bei gesundheitlichen Störungen *während* des Fluges kümmern sich die in Erster Hilfe geschulten Flugbegleiter um den Passagier. Bei den meisten Gesellschaften befindet sich eine umfangreiche Notfallausrüstung an Bord.

Schwangere Frauen dürfen grundsätzlich fliegen, sogar bis etwa vier Wochen vor der Entbindung.

Allgemein stellt das Fliegen für den Menschen keine nennenswerte gesundheitliche Belastung dar. Deshalb dürfen grundsätzlich auch **Schwangere** fliegen, bei normal verlaufenden Schwangerschaften bis etwa vier Wochen vor der Entbindung. Schwangere können selbst lange Flüge bis zu diesem Zeitpunkt unternehmen.

Auch große Distanzen überwindet ein Flugzeug heute ohne Zwischenstopp, z.B. die Strecke Frankfurt – Los Angeles. Damit die Reisenden solche weiten Strecken ohne Befindlichkeitsstörungen bewältigen, gilt es einige Vorkehrungen zu treffen.

In der Flugzeugkabine

Bei einem rund elfstündigen Flug auf der eben erwähnten Route Frankfurt – Los Angeles sollten Sie ausgeruht an den Start gehen. Bedenken Sie, dass in einer Reisehöhe von 11 000 Metern die **Luftfeuchtigkeit** in der Kabine nur zwischen 5 und 15 Prozent beträgt. Aufgrund der damit verbundenen Flüssigkeitsabgabe des Körpers ist es ratsam, stündlich mindestens einen Viertelliter Flüssigkeit zu sich zu nehmen. Am besten eignen sich dafür kohlensäurearme Mineralwässer, milde Teesorten und leicht gesüßte Fruchtsäfte.

▲ Bei Langstreckenflügen empfiehlt es sich, stündlich mindestens einen Viertelliter Flüssigkeit zu sich zu nehmen, z. B. in Form von Fruchtsäften.

Die geringe Luftfeuchtigkeit kann insbesondere Kontaktlinsenträgern Unannehmlichkeiten bereiten. Ihnen empfehlen wir, mit speziellen Augentropfen (sog. »künstlichen Tränen«) dem Austrocknen der Augenschleimhaut vorzubeugen, zum Schutz der Nasenschleimhaut ist Nasensalbe hilfreich.

In der Reisehöhe entspricht der **Luftdruck** in der Kabine etwa dem auf einem 2500 Meter hohen Berg. Der geringere Druck im Flugzeug bewirkt, dass z.B. eine verschlossene Chipstüte aussieht, als sei sie prall aufgeblasen. Ähnliche Verhältnisse lassen sich auf den Darm des Menschen übertragen. Durch den verminderten Kabinendruck kann der geblähte Darm Druck auf das Zwerchfell ausüben und in seltenen Fällen zu Atemschwierigkeiten, Herzbeschwerden und Schweißausbrüchen führen. Vermeiden Sie bei Langstreckenflügen blähende Speisen; greifen Sie stattdessen zu leichter Kost. Versuchen Sie durch gründliches Kauen Magen und Darm zu entlasten. Denken Sie auch daran, dass der verminderte Sauerstoffdruck die Wirkung von Alkohol verstärkt.

Die **eingeschränkte Bewegungsfreiheit** und das lange Sitzen im Flugzeug können bei manchen Passagieren zu Rückenbeschwerden oder Muskelverspannungen führen. Dann helfen Bewegungsübungen, die auch im Sitzen durchgeführt werden können, z.B. Streckübungen, Fußgymnastik und isometrische Körperübungen. Gut ist es auch, öfters zwischendurch im Flugzeug herumzugehen.

Bei bekannter Anfälligkeit für **Thrombosen** ist während Langstreckenflügen das Tragen von Kompressionsstrümpfen zu empfehlen. Wegen weiterer prophylaktischer Maßnahmen sollten Sie Ihren Arzt konsultieren.

Beim Landeanflug knackt es manchmal in den Ohren – eine Folge des Druckausgleichs zwischen Mittelohr und der umgebenden Luft. Sie können diesen **Druckausgleich** erleichtern, indem Sie Kaugummi kauen oder gähnen. Eine andere Möglichkeit: Sie halten Ihre Nase zu und pressen bei geschlossenem Mund kräftig Luft über den Mund ins Ohr hinein. Wenn Sie einen Schnupfen haben, dürfen Sie diese Methode allerdings nicht anwenden, damit keine Bakterien von der Nase ins Mittelohr gelangen.

Medikamente gegen Reisekrankheit rechtzeitig einnehmen: Sie wirken nur vorbeugend, aber nicht mehr, wenn Sie bereits luftkrank sind.

Manchen Menschen wird es übel, wenn sie längere Zeit im Auto mitfahren, besonders auf kurvenreichen Strecken. Auch bei Reisen mit dem Schiff, der Eisenbahn und dem Flugzeug kann man Opfer der **Reisekrankheit** (Kinetose) werden. Die Ursache für die Übelkeit und den damit oft verbundenen Schwindel liegt im Innenohr. Dort befindet sich das Gleichgewichtsorgan, das durch bestimmte, wiederholte Bewegungen des Transportmittels irritiert wird. Es überträgt diese Reizimpulse über das vegetative Nervensystem auf andere Organe, darunter den Magen und das Brechzentrum im Gehirn.

Damit Sie von der Luftkrankheit – wie die Reisekrankheit beim Fliegen auch genannt wird – verschont bleiben, sollten Sie einen Platz in der Mitte der Kabine wählen, weil die Bewegungen des Flugzeugs hier am geringsten sind. Lehnen Sie Ihren Kopf fest an die Rückenlehne an, um ihm einen möglichst stabilen Halt zu verschaffen, und fixieren Sie einen Punkt in Flugrichtung. Bleibt der Oberkörper in der Senkrechten, wird das Gleichgewichtsorgan nicht unnötig durch die Lageveränderungen des Flugzeugs gereizt. Zur Vorbeugung vor der Luftkrankheit können Sie zwei Stunden vor Reiseantritt auch ein Medikament einnehmen; lassen Sie sich rechtzeitig vom Arzt oder Apotheker beraten. Diese Mittel wirken nur vorbeugend, nicht mehr, wenn Sie schon luftkrank sind.

Langstreckenflug und die »innere Uhr«: Der Jetlag

Wenn Sie in Frankfurt um 12 Uhr abgeflogen sind, landen Sie nach einem nahezu elfstündigen Flug »schon« am frühen Nachmittag, gegen 14 Uhr, in Los Angeles. Ihr Flugzeug hat auf dieser Strecke zwischen Frankfurt und der amerikanischen Westküste mehrere Zeitzonen überflogen. Damit hat sich Ihr Tag um neun Stunden verlängert, die Sie zeitlich sozusagen »zurückgeflogen« sind.

In Deutschland lägen Sie wahrscheinlich zur Landezeit (etwa 23 Uhr) bereits im Bett. Diese Zeitverschiebung führt bei den Passagieren, aber natürlich auch beim Flugpersonal zu körperlichen, geistigen und manchmal sogar zu seelischen Beeinträchtigungen, die man auch als Jetlag bezeichnet. Die Menschen spüren die Auswirkungen dieses Jetlags in unterschiedlicher Stärke. Der Manager mag die Folgen der Zeitverschiebung durch Konzentrationseinbußen bei wichtigen Verhandlungen wahrnehmen, Hochleistungssportler hingegen könnten beim Wettkampf die

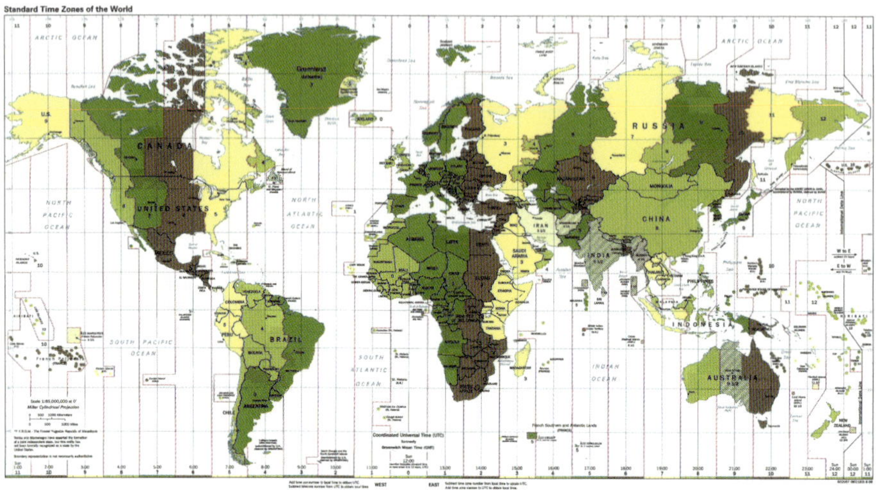

▲ Bei Langstreckenflügen überfliegt man oft mehrere Zeitzonen – Internationale Zeitzonenkarte.

nötige körperliche Fitness vermissen. Andere Fluggäste werden vielleicht über allgemeines Unwohlsein mit Schlafstörungen klagen. All diese Beschwerden sind auf die Zeitverschiebung zurückzuführen.

Seit einigen Jahren wird das Phänomen Jetlag von vielen Wissenschaftlern weltweit erforscht. So ist es erwiesen, dass der Mensch Langstreckenflüge von Ost nach West (wie z. B. einen Flug von Frankfurt nach Los Angeles) besser toleriert als solche von West nach Ost (z. B. Frankfurt – Tokio).

Es gilt als grobe Faustregel, dass man pro zwei Stunden Zeitverschiebung etwa einen Tag zur Umgewöhnung braucht. Für unseren Langstreckenflug von Frankfurt nach Los Angeles benötigt der durchschnittliche Fluggast also vier bis fünf Tage zur Anpassung. Manche können diese Zeit dadurch verkürzen, dass sie sich in den Tagen vor der Abreise in kleinen Schritten an die Ortszeit ihres Reisezieles annähern, indem sie z. B. täglich eine Stunde länger wach bleiben. Diesem Bemühen sind jedoch mit maximal drei Stunden Grenzen gesetzt. Auch wenn Sie sich am Ende Ihres Langstreckenfluges müde und abgeschlagen fühlen, sollten Sie versuchen, das Einschlafen soweit wie möglich hinauszuzögern, um so die Anpassung ihres Biorhythmus, der »inneren Uhr«, an die Ortszeit zu erleichtern. Halten Sie sich möglichst lange draußen auf, auch bei bedecktem Himmel. Die Helligkeit hilft der inneren Uhr bei der Anpassung. (Es sei denn, Sie fliegen nach ein oder zwei Tagen wieder zurück nach Hause.)

Das Problem der Zeitverschiebung bei einem Langstreckenflug tritt natürlich auch beim Rückflug wieder auf. Fliegen Sie von Los Angeles zurück nach Frankfurt, also von West nach Ost, ist die Nacht sehr kurz. Versuchen Sie, trotzdem zu schlafen oder sich wenigstens zu entspannen.

▲ Nach einem Langstreckenflug tut etwas Schlaf gut.

Anhang

Seminare für entspanntes Fliegen

Einige Fluggesellschaften in den USA (z.B. United Airlines), in Holland (KLM), in Österreich (Austrian Airlines) und in Deutschland (Lufthansa) bieten seit Jahren Seminare gegen Flugangst an. Das große Interesse und die ständige Nachfrage von flugängstlichen Passagieren veranlassten diese Unternehmen, mit dem »Tabu Flugangst« zu brechen.

Flugangst-Seminare unterscheiden sich nicht wesentlich voneinander. Zielsetzung dieser Seminare ist in erster Linie, die aktive Kontrolle der Angst zu erlernen und damit ein entspanntes Fliegen zu ermöglichen. Die Fluggesellschaften erhoffen sich von ihrem Angebot natürlich auch Umsatzsteigerungen. Der Flugzeughersteller Boeing z.B. schätzt die finanziellen Einbußen durch nicht verkaufte Tickets aufgrund von Flugangst auf zwei Milliarden Dollar jährlich, und zwar allein in den USA; dies entspricht rund neun Prozent des Wertes der tatsächlich verkauften Tickets.

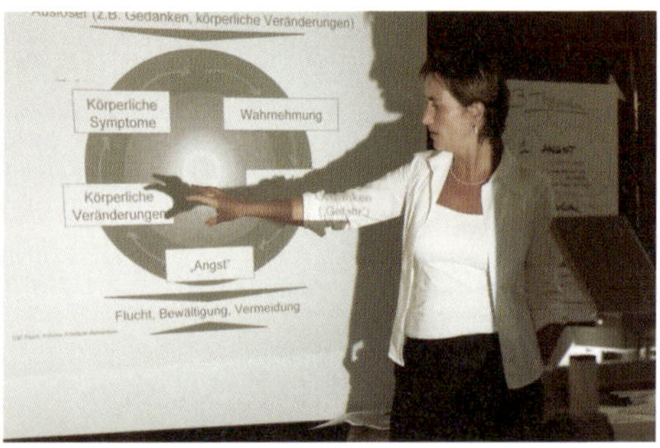

▲ In kleinen Gruppen wird die aktive Kontrolle der Flugangst erlernt.

In Österreich bietet Austrian Airlines seit über zehn Jahren Seminare gegen die Flugangst an. Die Teilnehmerzahl der Seminare ist auf etwa 12 bis 14 Personen begrenzt, was eine individuelle Vorgehensweise bei der Angstbewältigung ermöglicht. Auch in der Bundesrepublik können betroffene Passagiere in kleinen Gruppen lernen, ihre Flugangst zu bewältigen. Die »Seminare für entspanntes Fliegen« werden von der Münchner Agentur Texter-Millot GmbH in Zusammenarbeit mit der Deutschen Lufthansa AG veranstaltet. Sie finden an bestimmten Wochenenden in den Flughafenstädten Deutschlands (Berlin, Bremen, Dresden, Düsseldorf, Frankfurt, Hamburg, Hannover, Köln/Bonn, Leipzig, München, Münster/Osnabrück, Nürnberg und Stuttgart), in Zürich (in Deutsch), und in Mailand (in Italienisch) statt.

In den zweitägigen Wochenendseminaren wird jeweils von einem Psychologen und einem erfahrenen Piloten theoretisches und praktisches Wissen vermittelt. Zum Seminarprogramm gehören u.a. Entspannungs- und Atemübungen, Methoden zur körperlichen und gedanklichen Selbstkontrolle, Verhaltensübungen und flugtechnische Informationen durch einen erfahrenen Piloten.

▲ Neben Entspannungs- und Verhaltensübungen stehen auch flugtechnische Informationen von einem erfahrenen Piloten auf dem Seminarprogramm.

Ein gemeinsamer (freiwilliger) Linienflug in Begleitung des Psychologen bildet den Abschluss des Seminars. Seit der Entwicklung des Seminarkonzepts 1981 haben mehr als 11 000 Personen an rund 1200 Seminaren teilgenommen. Befragungen ehemaliger Seminarteilnehmer haben ergeben, dass rund 90 % auch fünf Jahre und länger nach dem Seminar das Flugzeug aus privaten oder beruflichen Gründen benutzten. Rund 70 % der Teilnehmer schätzten sich ein Jahr nach dem Seminar als angstfrei ein oder empfanden ihre Angst vor dem Fliegen als deutlich geringer.

Für nähere Informationen über die »Seminare für entspanntes Fliegen« wenden Sie sich bitte an
Agentur Texter-Millott GmbH
Seminare für Entspanntes Fliegen
in Zusammenarbeit mit der Deutschen Lufthansa AG
Hohenstaufenstr. 1
D-80801 München
Tel. +49/(0)89/39 17 39, Fax +49/(0)89/33 60 04
E-Mail: info@flugangst.de

Anhang

Weiterführende Literatur

H. W. Krohne, Angst und Angstbewältigung. Kohlhammer, Stuttgart 1996

D. Ohm, Endlich frei von Angst und Panik mit Progressiver Relaxation. TRIAS, Stuttgart 2003

F. Riemann, Grundformen der Angst. Reinhard, München 2000

K. Thomas, Praxis des Autogenen Trainings. TRIAS, Stuttgart 2000

Dank

Das »Protokoll eines Flugkapitäns« stammt aus der Feder von Heinz Rieckert, Flugkapitän bei der Lufthansa, zuständig auch für Pilotenausbildung, dem wir für seinen Beitrag unseren Dank aussprechen möchten.

Unser Dank gilt auch Herrn Helmut Kaulich, Leiter der PR-Dienste der Deutschen Lufthansa AG in Köln, der die zweite Auflage dieses Buches kritisch durchgesehen und mit fachlichen Anmerkungen bereichert hat.

Flieger-Latein

Airbus	führender europäischer Flugzeughersteller
Aircraft	Flugzeug
Airport	Flughafen
Airways	Luftstraßen
Allwetter-Landung	Landung mit elektronischen Hilfen auch bei schlechter Sicht
Approach	Landeanflug
Arrival	Ankunft
ATC	Air Traffic Control, Flugsicherung
Autopilot	Computersystem, das auf Basis der vom Piloten eingegebenen Daten automatisch Fluggeschwindigkeit, -höhe und -kurs steuert
Blindflug	Fliegen ohne Erdsicht, nur nach Instrumenten, mithilfe bordeigener Navigationssysteme
Blockzeit	Zeitspanne vom Losrollen vor dem Start bis zum »Parken« nach der Landung
»Blue One«	Beispiel für Bezeichnung einer Luftstraße
Boarding	Einsteigen ins Flugzeug
Boarding Card	Bordkarte
Boeing	führender amerikanischer Flugzeughersteller
Bremsklappe	Klappe, die zur Verminderung der Fluggeschwindigkeit (zum Beispiel beim Landeanflug) aus den Tragflächen ausgefahren wird
Cabin attendant	Flugbegleiter
Cargo	Fracht
Carrier	Luftverkehrsgesellschaft
CAT	(Clear Air Turbulence) Turbulenz in wolkenfreier Luft
CAT I, II, IIIa, IIIb, IIIc	Betriebsstufen für Flughäfen in Abhängigkeit von Witterungsbedingungen, Kategorisierung entsprechend ihrer technischen Ausstattung
Catering	Beladung mit Mahlzeiten und Serviceartikeln
Check	Test, Überprüfung des Flugzeugs oder der Besatzung
Check in	Fluggastabfertigung am Boden
Checklist	Kontroll-Liste für die Einhaltung bestimmter Arbeitsschritte, z. B. vor dem Start und vor der Landung
Cockpit	Flugzeugkanzel, Arbeitsplatz der Piloten
Counter	(Abfertigungs-)Schalter
Cruising altitude	Reiseflughöhe
Customs	Zoll
Crew	Flugzeugbesatzung
Departure	Abflug
Destination	Zielflughafen
Direktflug	Verbindung zwischen zwei Orten unter gleicher Flugnummer mit Zwischenlandung, Flugzeugwechsel möglich
Durchstarten	das Flugzeug im Landeanflug wieder beschleunigen und auf Höhe bringen
Exit	Ausgang

Anhang

Foot/Feet	engl. Maßeinheit: 1 Fuß = 0,306 Meter; 3,3 Fuß = 1 Meter
Finger	Flugsteig, Verbindung zwischen Terminal und Flugzeug
First Officer	Erster Offizier, auch Copilot genannt, Vertreter des Kapitäns
Flaps	Klappen an der Flügelhinterkante
Flight	Flug
Flight Data Recorder	Flugdatenschreiber
Flight Engineer	Flugingenieur, Mitglied der Cockpitcrew, für Technik zuständig (nur noch bei wenigen Flugzeugtypen)
Flight Management System	elektronisches System, mit dessen Hilfe der Flug optimiert und der Treibstoffverbrauch minimiert werden kann
Flight Number	Flugnummer
Funkfeuer	Sender mit genau vermessenem Standort, dessen Signale beim Instrumentenflug als Navigationshilfe benutzt werden
Galley	Bordküche
Gangway	Fluggasttreppe
Gate	Warteraumausgang
Gear Doors	Klappen, die den Schacht des Fahrwerks verschließen
GMT	(Greenwich Mean Time) auf dem 0-Meridian basierende mittlere Ortszeit
Höhenruder	bewegliche, am Höhenleitwerk angebrachte Steuerfläche, mit der Steig- oder Sinkflug eingeleitet werden
Holding	Warteschleife
IATA	(International Air Transport Association) Dachverband der international operierenden Linienfluggesellschaften
ICAO	(International Civil Aviation Organisation) Regierungsvertretung der am internationalen Zivilluftverkehr teilnehmenden Staaten
IFR	(Instrument Flight Rules) Instrumentenflug mithilfe sichtunabhängiger Hilfsmittel (boden- oder satellitengestützte Navigationssysteme) unter Kontrolle der Flugsicherung
ILS	Instrumentenlandesystem
Jet-lag	Wirkung der Zeitverschiebung auf das körperliche Befinden
Jetstream	Starkwindbänder, meistens über dem Nordatlantik
Jumbo Jet	Boeing 747
Kapitän	Flugzeugführer, Kommandant, Chef der Besatzung
Kerosin	Flugzeugtreibstoff
Klappen	Vorrichtungen an den Tragflächen zur Verringerung oder Erhöhung des Auftriebs
Künstlicher Horizont	Instrument, das dem Piloten auch ohne Außensicht die Lage seines Flugzeuges in Relation zum Horizont anzeigt
Lounge	Aufenthaltsbereich für bevorzugte Fluggäste
Luftfahrt-Bundesamt (LBA)	u. a. für alle Sicherheitsfragen der Luftfahrt zuständige deutsche Behörde mit Sitz in Braunschweig
Luftloch	Phantasiebezeichnung von Fluglaien für ein nicht existierendes Phänomen. Die Ursache für gelegentliches Absinken eines Flugzeuges sind vielmehr vertikale Luftströmungen
McDonnell Douglas	amerikanischer Flugzeughersteller

Muster	Flugzeugtyp
Musterberechtigung	gesetzlich vorgeschriebene, auf einen bestimmten Flugzeugtyp ausgerichtete Ausbildung
Nautische Meile	Entfernungsmaßeinheit: 1 NM = 1,852 Kilometer; 0,54 NM = 1 Kilometer
Nonstop	Flug ohne Zwischenlandung
Off blocks	Losrollen beim Start
Operations	Flugzeugabfertigung am Boden
Pet box	Tiertransportbehälter
Purser/Purserette	Chef/in der Kabinenbesatzung
Querruder	Steuerklappen an der Tragfläche, mit deren gegenläufigem Ausschlag, etwa beim Einleiten einer Kurve, eine Schräglage des Flugzeuges erzielt wird
Runway	Start-/Landebahn
Schubumkehr	Umlenkung des Triebwerksstrahls durch spezielle Klappen zur Verkürzung des Landerollweges
Slats	Klappen an der Tragflügelvorderkante
Slot	der einer Flugnummer zugeteilte Start-/Landezeitraum
Steward/Stewardess	Flugbegleiter/Flugbegleiterin
Take-off	Start des Flugzeugs
Taxiway	Zu-/Abbringeweg zwischen Start- bzw. Landebahn und Vorfeld
TCAS	(Traffic Alert and Collision Avoidance System) Warnsystem zur Vermeidung gefährlicher Annäherung von Flugzeugen in der Luft
Terminal	Abfertigungsgebäude am Flughafen
Timetable	Flugplan
Touch down	Aufsetzen des Flugzeugs
Tower	Kontrollturm, Arbeitsplatz der Fluglotsen
Trägheitsnavigationssystem	System zur Flugzeugführung
Trendverfolgungsprogramm	Aufzeichnung aller wichtigen Triebwerksparameter (z. B. Temperaturen, Drehzahlen) während des Fluges und deren Weiterleitung an die technische Basis
Trollies	Transportwagen für lose Fracht und Gepäck
UTC	(Universal Time Coordinate) Ersatzbezeichnung für GMT
V_1	Geschwindigkeit, bis zu der ein Startabbruch möglich ist
V_2	(Take-off Safety Speed) Sicherheitsstartgeschwindigkeit
V_R	Geschwindigkeit, bei der das Flugzeug abhebt
VFR	(Visual Flight Rules) Fliegen nach Sicht. Nur in bestimmten Höhen erlaubt
VOR	(Very High Frequency Omnidirectional Range) UKW-Funkfeuer, Landehilfe
Vorfeld	Flugzeugparkraum auf dem Flughafengelände
Wetterradar	Spezialradar, das Wolkenfelder und Gewitter auf dem Kurs des Flugzeuges im Cockpit sichtbar macht
Zeitzone	Abweichung der Zeit von der GMT in Stunden entsprechend der örtlichen Länge

Bibliografische Information der Deutschen Bibliothek
Die Deutsche Bibliothek verzeichnet diese Publikation in der Deutschen Nationalbibliografie; detaillierte bibliografische Daten sind im Internet über http://dnb.ddb.de abrufbar

Medizinverlage Stuttgart GmbH & Co. KG
Oswald-Hesse-Str. 50 · 70469 Stuttgart
Printed in Germany

Programmplanung: Sibylle Duelli

Redaktion:
Dr. Rainer Schöttle Verlagsservice, Neufinsing

Umschlaggestaltung und Layout:
CYCLUS · Visuelle Kommunikation, Stuttgart

Zeichnungen: Christine Lackner

Fotos:
Agentur Texter-Millot GmbH: S. 12, 36, 44, 46, 67, 85, 90, 91; Archiv der Thieme Verlagsgruppe: S. 24, 89; Deutsche Lufthansa AG: S. 4, 5 rechts, 8, 9, 17, 22, 23, 37, 43, 49, 52, 56, 60, 61 oben, 62 unten, 65, 66, 68, 70, 71, 75, 77, 78, 82, 83, 84; Fraport AG: S. 5 links, 10, 54, 55, 57, 58, 59, 61 unten, 62 oben
Umschlag: Deutsche Lufthansa AG
Zeichnungen: Christine Lackner

Gedruckt auf chlorfrei gebleichtem Papier

Satz: Fotosatz H. Buck, Kumhausen
Druck: Westermann Druck Zwickau GmbH

ISBN 3-8304-3300-X 1 2 3 4 5 6

Wichtiger Hinweis:
Wie jede Wissenschaft ist die Medizin ständigen Entwicklungen unterworfen. Forschung und klinische Erfahrung erweitern unsere Erkenntnisse, insbesondere was Behandlung und medikamentöse Therapie anbelangt. Soweit in diesem Werk eine Dosierung oder eine Applikation erwähnt wird, darf der Leser zwar darauf vertrauen, dass Autoren und Verlag große Sorgfalt darauf verwandt haben, dass diese Angabe dem **Wissensstand bei Fertigstellung des Werkes** entspricht.
Für Angaben über Dosierungsanweisungen und Applikationsformen kann vom Verlag jedoch keine Gewähr übernommen werden. **Jeder Benutzer ist angehalten,** durch sorgfältige Prüfung der Beipackzettel der verwendeten Präparate und gegebenenfalls nach Konsultation eines Spezialisten festzustellen, ob die dort gegebene Empfehlung für Dosierungen oder die Beachtung von Kontraindikationen gegenüber der Angabe in diesem Buch abweicht. Eine solche Prüfung ist besonders wichtig bei selten verwendeten Präparaten oder solchen, die neu auf den Markt gebracht worden sind. **Jede Dosierung oder Anwendung erfolgt auf eigene Gefahr des Benutzers.** Autoren und Verlag appellieren an jeden Benutzer, ihnen etwa auffallende Ungenauigkeiten mitzuteilen.